Engel der Vergebung
und des Friedens

Dirceu Braz & Conny Zahor

Die Wiederentdeckung meiner Seele
in einem verlorenen ICH

D1730616

Laumann Verlag

Impressum

Kontakt zu den Autoren:
braz-trompete@hotmail.de
www.braz-trompete.com
conny@zahor.de
www.zahor.de

1. Auflage 2010
© 2010 Laumann Druck & Verlag GmbH u. Co. KG
Postfach 1461 · 48235 Dülmen

Cover-Gestaltung, Layout und Satz:
Nils Hoffmann, Schwäbisch Gmünd
info@nils-hoffmann-design.de

Druck und Bindearbeiten:
Laumann Druck & Verlag GmbH u. Co. KG
Printed in Germany

ISBN 978-3-89960-339-2

info@laumann-verlag.de
www.laumann-verlag.de

Für alle Engel
Die bereit sind zu verzeihen.
Für alle Menschen
Die bereit sind Engel zu werden!

Engel der Vergebung
und des Friedens

Das Rad des Lebens, das uns bewegt, bringt im Laufe der Zeit Veränderungen, Sorgen, Kummer und viele Probleme mit sich. Wir dürfen uns daran erinnern, dass die Lösungen für all unsere Sorgen und Strapazen, die wir auf unserer blauen Welt erleben müssen, oft von selbst kommen.

Es gibt auch Momente des Friedens, der Freude, des Glücks, der Leichtigkeit und der Realisationen.

Bei all unseren Aufgaben und Begegnungen, mit denen wir täglich konfrontiert werden, ist eines sicher:
Wenn wir wollen, können wir alles in Frieden bewältigen, ja, wenn wir es wollen!

Wir können unsere Freude am Leben verlängern und für all unsere Probleme eine passende Lösung finden. Der Engel der Vergebung und des Friedens hilft uns immer dabei.

Zum Rad des Lebens, das uns bewegt, gehören Träume und Enttäuschungen dazu. Enttäuschungen gehören zum Leben und bedeuten das Ende von Illusionen. Sie dienen als Chance für inneres Wachstum. Wer nicht laufen lernt, bewegt sich nicht, wer nicht schläft, der kann nicht richtig träumen und wer seine Ziele nicht verfolgt, der bleibt stehen und schaut nur, wie die Zeit am Fenster vorbei fliegt in einer ewigen Reise der Illusion und Leerheit.

Das Leben könnte ein friedlicher Kampf sein, in dem der Beste gewinnt, ohne kämpfen zu müssen. „Wer nicht kämpfen muss, der hat schon gewonnen."

Der Engel der Vergebung will nicht kämpfen, sondern nur Frieden in die Welt verstreuen. Der Engel des Friedens will unsere Menschen nur zum Paradies führen, in dem jeder sein Leben lebt, ohne den

Zeigefinger auf den anderen zu zeigen. Lass dein Herz reinigen mit dem Wasser der Vergebung, wasche deine Hand mit dem klaren Wasser der Brüderlichkeit.
Vergib Dir selbst.

Gib dir die Chance, wieder glücklich zu sein. Glück ist wie die Uhr, es ändert sich jede Stunde. Richte deine Uhr nach der Zeit der Vergebung, richte deine Zeit nach der Zeit des Friedens.
Schenke dir die Ruhe, die du brauchst. Alles wird kommen, wie es sein muss. Die Zeit kann nicht stehen bleiben, weil wir die Zeit nicht anfassen können.

Vergeben bewirkt Wunder, und du bist selbst ein Wunder des Universums.
Vergebung bewirkt inneren Frieden und Frieden ebnet den Weg zu wahrem Glück.
In dir steckt so viel Frieden – deshalb schließe wieder Frieden mit dem Engel der Vergebung und schenke dir selbst Ruhe für das Leben, das heute anfängt. Sei der Herr in deinem Rad des Lebens.
Der Engel der Vergebung wird dir schon dabei helfen, deinen Frieden wieder zu finden.
Vergib Dir selbst.
Fang damit an, vergib Dir selbst!

Mögen wir mit unseren Gedanken
all jene erreichen,
die Sehnsucht verspüren,
Sehnsucht nach LIEBE,
Sehnsucht nach FRIEDEN.

Mögen wir allesamt unser Inneres Licht
zum Leuchten bringen
und die Großartigkeit unseres Wesens
anerkennen.

Und wenn diese Gedanken
auch nur ein klein wenig dazu beitragen,
es zuzulassen, uns daran erinnern zu wollen,
mit unserem tatsächlichen GEWAHRSEIN
in Verbindung treten zu können

und wir den Mut haben,
dadurch mit uns selbst,
mit all unseren Mitmenschen
und mit allem, was uns begegnet,
Frieden zu schließen,
dann haben unsere Gedankenansätze
ihren Zweck erfüllt.

Milo

Der Tag war noch fern, die Sonne machte woanders Urlaub und die Sterne tanzten wie kleine Kinder ganz oben in einem Himmel voller Frieden, wo nur der Mond dazu Platz nehmen durfte.
In dem kleinen Haus mit einer Küche, einem Wohnzimmer und einem Schlafzimmer war es noch ganz still, draußen haben nicht mal die Hunde gebellt, was sehr merkwürdig zu dieser Jahreszeit war. Im Winter haben die Hunde in Sao Pedro Stadt immer gebellt, vor Kälte wahrscheinlich. Es war noch 4:00 Uhr nachts und Milo musste schon sein warmes Bett verlassen, um arbeiten zu gehen.
Fünf Personen bewohnten das Haus und manchmal kam auch die Oma dazu, weil Hochwasser war und sie bei Milo Zuflucht fand. Manchmal ging es bis zu drei Wochen lang, dass die alte Dame nicht ihr Haus bewohnen konnte. Milo und die Familie haben alles mit Gelassenheit gesehen. Die Oma war sehr lieb, trotz dass sie alt war, eben schon 79, aber sie hatte eine Energie wie ein junges Mädchen mit 18. Der Opa war schon lange unter der Erde begraben, ein Unfall am Fluss hatte ihn das Leben gekostet.

Eines Tages wollte der Opa angeln gehen. Er bereitete alles vor, wie er es immer ganz genau getan hatte und ging fröhlich zum Fluss, das war der Rio Tiete, also der Tiete Fluss in Brasilien. Dieser war früher sehr sauber, aber nach der Ansiedlung schwerer Industrie war der Rio Tiete wie tot, ein einziger Mülleimer für die Großindustriellen, die nur Profit ziehen wollten.
Opa Bernardo ging oft sehr früh angeln, denn gegen 11:00 Uhr war es schon so heiß, dass kein Fisch mehr ins Netz ging. Als er mit seinem kleinen Boot im Fluss war, und zwar so gegen 7:00 Uhr, hörte er, dass ein paar Leute im Wald auf Wild schossen – die hatten bestimmt ohne Erlaubnis Vögel gejagt. Es war nicht weit entfernt von dem Fluss. Opa Bernardo wurde klar, dass er weggehen

sollte, weil die Jäger oft sehr aggressiv waren, es befanden sich auch Jugendliche mit dabei, die gerne jede Chance nutzten, zu provozieren. Opa Bernardo schob langsam sein Boot weiter und plötzlich hörte er eine Stimme, die nach ihm gerufen hatte.

„Hallo Opa, schon was gefangen?"

„Guten Morgen, nein – bis jetzt nichts."

„Lass mal sehen, kannst du hierher kommen?"

Der Opa wusste, dass das Ganze nach Ärger roch und versuchte weiterzukommen, aber er musste sich flussaufwärts bewegen und es war nicht ganz einfach, sich schnell fortzubewegen und zu vermeiden, dass die Jäger ihm an den Kragen kommen könnten.

„Ich muss weiter. Die Enkelin wartet auf den Opa."

„Ist sie hübsch? Wenn ja, dann kommen wir mit. Könnten Sie uns mitnehmen? Wir können sehr gut rudern."

„Würde ich gerne, aber das Boot ist zu klein. Leider kein Platz."

„Also du willst uns nicht mitnehmen. Ist das so?"

Der Opa ahnte schon, dass das Wasser gleich kochen würde, nichts wie weg von hier. Es waren Jungs mit schlechtem Ruf in der Stadt. Jungs, die geklaut und auch andere Menschen nicht in Ruhe gelassen haben. Er kannte diese Sorte ganz genau und wusste, dass die nur Ärger suchten. Aber das Boot wollte nicht vorankommen, deshalb entschloss sich der Opa dazu, doch flussabwärts zu fahren, um später auf Umwegen wieder nach Hause zu gelangen, wenn die Jungs nicht mehr da waren.

„Was machst du Opa, wolltest du nicht nach Hause? Die Stadt ist da oben, nicht unten – was ist, machst du dir in die Hose? Schenkst du uns nun ein paar Fische oder nicht?"

„Ich habe heute nichts gefangen, der Tag war schlecht, ihr habt mit eurem Lärm die ganzen Fische weggejagt."

„Was ist los, Opa, was geht es dich an, wenn wir hier jagen, ist das hier vielleicht dein Privatrevier?"

Der Opa Bernardo wusste, dass es bald knallen würde, die hatten nur darauf gewartet, ihn richtig zu provozieren. Er hatte auch ein

Maschinengewehr dabeigehabt, wollte aber nach Möglichkeit nicht unbedingt Gebrauch davon machen. Die einzige Chance wäre, flussabwärts zu fahren und sich schnell zu entfernen.

„Hallo Opa, nicht zu schnell, wir wollten uns gerne mit dir unterhalten, wie ist es mit einem Fisch für uns? Wird das nun was oder sollen wir ihn persönlich bei dir abholen?"

Einer der Jungs sprang ins Wasser und schwamm auf Opa zu, so blieb ihm nichts anderes übrig, als nach dem Maschinengewehr zu greifen. Als der Junge fast am Boot war, schrie der Opa wie ein Bär: „Mach, dass du wegkommst, du Bestie! Du hast hier gar nichts zu suchen, ich hole gleich die Polizei!"

„Was ist, Opa? Machst du dir in die Hose? Wir sind nicht gefährlich, völlig harmlos sozusagen – bleib cool, Mann, gib unserem Freund einen Fisch, dann kannst du weiter, ansonsten werden wir dich ins Wasser ziehen."

Dem Opa war klar, dass genau dort die Stelle war, an der man nicht spaßen sollte, an diesem Platz war einmal ein Freund von ihm ertrunken. Der Junge konnte sehr gut schwimmen und kam ihm immer näher. Ohne zuviel zu überlegen, griff der Opa nach seinem Gewehr und drohte, den Jungen zu erschießen. Eine andere Möglichkeit gab es nicht. Er wusste, dass der Junge versuchen würde, das Boot zu kippen, und so gut wie der junge Mann schwimmen konnte, hatte der Opa gegen ihn keine Chance, das wäre sein Ende gewesen. Ohne zu zögern, zielte er mit seinem Maschinengewehr auf den jungen Mann und drohte erneut, zu schießen. „Jetzt mach Platz hier, du Idiot, komm keinen Zentimeter mehr näher, oder ich schieße!"

„Hallo Opa, willst du spielen? O.K.! Wir machen mit! Wir haben hier sechs Maschinengewehre und du bist alleine. Gib uns Fische und du kannst weiterziehen, sonst knallen wir dich ab – heute und hier."

Der Opa Bernardo musste schnell reagieren, um den Jungen von sich fern zu halten, so ließ er seinen ersten Schuss los. Der junge Mann bekam Angst und schwamm zurück, doch die anderen erhitzten sich und kamen erst so richtig in Fahrt. Sie fingen an, nur so zum Spaß zu schießen, doch eine Kugel traf das Boot und bald sank Opa langsam mit dem Boot nach unten ins Wasser. Der Opa schoss, ohne zuviel zu überlegen, in seiner Verzweiflung zurück, aber kurz darauf wurde er dann selbst getroffen; eine Kugel traf ihn mitten ins Herz und jede Hilfe wäre zu spät gewesen.

„Hallo Mann, du hast den Opa getroffen, bist du verrückt, schau, er blutet wie eine Sau, weg von hier, verdammt noch mal, du bist ein Idiot, kannst du nicht zielen? Jetzt haben wir wegen dir diese Scheiße am Hals. Los, weg von hier! Schnell!"

Und so war dies für den lieben Opa sein letzter Angelausflug in seinem Leben. Tage später hat man den alten Mann 20 Kilometer südlich gefunden – so dick wie eine Melone, voller Wasser und mit einer Kugel im Herzen.

Seitdem wohnt die Oma ganz alleine mit ihrem Hund Cesar. Die beiden waren schon immer sehr alte Freunde gewesen.

Milo dachte immer wieder an diesen Vorfall und hatte sich vorgenommen, den Mörder seines Vaters umzubringen, falls er ihn einmal zwischen die Finger bekommen sollte. Wer hatte ihn getötet? Aber die Polizei und das Gericht wollten den Fall nicht zu lange verfolgen und bald landete alles im Polizeiarchiv, so wie auch viele andere Fälle bereits ungelöst in Vergessenheit geraten waren. Die Kriminalität galoppierte rapide und das Gericht hatte allem zugesehen und selten was dagegen unternommen. Niemand konnte nachweisen, wer den alten Mann letztendlich erschossen hatte. Und so blieb der Mörder auf freiem Fuß und der Opa hat seine Fische im Himmel ganz gemütlich mit netten Engeln kochen müssen. Aber Milo konnte den Verlust seines Vaters nicht überwinden, immer und immer wieder musste er daran denken, dass der Mörder irgendwo da in der Gegend, wo er gewohnt hatte, frei herumlaufen konnte und womöglich noch über ihn lachte. Seine drei Kinder hatten den geliebten Opa verloren und er seinen treuen Vater nie mehr gesehen. Seit dem Verlust seines Vaters konnte er keine Ruhe mehr finden, seine Frau, eine sehr gläubige Christin, die jeden Tag in der Bibel las und fast jeden Tag in die Kirche ging, redete immer wieder auf ihn ein:

„Milo, dein Vater ist schon tot, aber du lebst noch, du bist ein guter Vater, vergiss diese ganze Sache, was willst du machen? Dich rächen und den Mörder auch umbringen? Solche Sachen bringen überhaupt nichts, Rache ist schrecklich und macht deinen Vater auch nicht wieder lebendig, denk doch an deine Kinder. Die brauchen dich noch, deine Mama lebt auch noch und ist gesund. Was willst du noch mehr, gib alles in Gottes Hand, die Gerechtigkeit des Himmels wird schon kommen."

„So einfach werde ich nicht aufgeben, es sind schon so viele Jahre vergangen und dieser Mörder läuft immer noch frei hier bei uns herum. Was soll ich tun, einfach alles vergessen und den ganzen Tag beten wie du? Das fehlte mir noch! Was würde mein Vater von mir halten? Wenn ich diesen Mörder einmal zwischen meine Finger bekomme, dann geht er sofort zum Teufel. Mein Vater ist im Himmel – das ganz bestimmt, aber diesen Mörder schicke ich zum Teufel. So ein guter Mensch, wie mein Vater war – das ist nicht gerecht, ihn einfach so umzubringen."

„Aber kein Mensch kann wissen, ob es wirklich Mord war, es kann sein, dass eine verlorene Kugel ihn getroffen hatte, es gibt so viele Menschen, die dort jagen."

„Klar, die schießen einfach wild los, die sind auch Mörder. Niemand hat die Erlaubnis, dort zu jagen, und die Polizei unternimmt immer noch nichts dagegen."

„Vergeben, Milo, vergeben und in Frieden leben, dein Papa kommt nicht mehr zurück."

„Du hast vielleicht Nerven, jemand bringt meinen Vater um und ich soll vergeben? Wo gibt es das?"

„Das gibt es bei Gott, der auch unsere Schuld vergibt."

„Du kannst schon gleich damit aufhören, ich kann dieses Getue von dir nicht mehr hören, du bist schon mit deiner Bibel verheiratet, aber ich nicht. So einfach werde ich nicht aufgeben."

„Und deine Kinder? Denkst du gar nicht an deine Kinder?"

„Ich denke nur an meinen Vater – ich stelle mir vor, wie meine Kinder ihren netten Opa verloren haben. Und warum? Weil irgendjemand, weil ein Verbrecher ihn getötet hat. Nur deswegen. Du, ich kann all das nicht vergessen, ich kann meinen Vater nicht so einfach aus meinem Gedächtnis verlieren. Kapierst du das? Mit dem ganzen Getue von deiner Kirche kann ich überhaupt nichts anfangen, ich möchte so was nicht mehr hören. Kannst du das nicht endlich begreifen?"

„Ja, Milo, ich werde dich in Ruhe lassen mit meinem Gott und mit meinem Glauben, das muss jeder für sich selbst entscheiden, aber so wirst du deinen Krieg nicht gewinnen können. Du hast deinen Vater verloren und deine Kinder werden dich womöglich auch noch verlieren. Du musst schon überlegen, was für dich und deine Familie gut ist."

Solche Auseinandersetzungen zwischen den beiden gab's immer wieder. Milo hielt von Gott und von der Bibel überhaupt nichts. Seine Mutter war schon eine sehr gläubige Frau, aber Milo hatte sich nie damit zurechtgefunden. Er konnte sich mit seiner Rolle in der Gesellschaft nicht abfinden. Die Reichen waren für ihn böse Menschen und die Armen die Opfer. Er war arm und konnte nicht begreifen, dass er eines Tages auch einmal was mit seiner Arbeit erreichen könnte. Oft lungerte er, anstatt nach Hause zu kommen, bis zum späten Abend in einer Bar herum, trank sein Bier und haderte mit sich und der Welt.

Es kam häufig vor, dass er seine Kinder wochenlang nicht sah, er kam nach Hause und die Kinder lagen schon im Bett, er ging aus dem Haus und alle schliefen noch. Seine Arbeit war nicht leicht. Um überhaupt zur Arbeitsstelle zu gelangen, musste er erst mal mit dem Zug, dann mit dem Bus fahren – das war in Sao Paulo, wo viele

Menschen am frühen Morgen losfahren mussten, um überhaupt eine Möglichkeit zu haben, einen Arbeitsplatz zu bekommen. Es bestand im Stadtkern von Sao Paulo dann schon die Möglichkeit, besser verdienen zu können, als in dem kleinen Ort Sao Pedro, in dem Kühe und Hunde gemütlich auf den Straßen spazieren gingen.

Eines Tages, als Milo nach ein paar Bier mit seinen Freunden an einer Bar schon halb betrunken war, kam wieder mal das gleiche Gespräch wegen seinem Vater auf. Neben ihm stand ein Mann, der noch nie zuvor dort gesehen wurde – das war ein Fremder und Fremde haben dort nichts verloren. Der Mann schaute Milo immer wieder an und wartete nur auf eine günstige Gelegenheit, mit ihm zu reden, aber hatte sich nicht getraut, ihn anzusprechen. Das ging Milo schon auf die Nerven. Plötzlich zahlte er und ging weg. Ein paar Straßen weiter hielt der Fremde ihn an:

„Entschuldige Milo, ich wollte mit dir sprechen."

„Was gibt es zu reden, du warst die ganze Zeit dort in der Bar und ich auch, warum glotzt du mich die ganze Zeit so an? Willst du mich heiraten, oder was? Was gibt es, habe ich dein Bier nicht bezahlt?"

„Es geht um deinen Vater."

„Was, was hast du mit meinem Vater zu tun?"

„Ich habe früher mit ihm gearbeitet, dann bin ich nach Rio de Janeiro umgezogen. Jetzt wohne ich wieder hier. Damals – als dein Vater gestorben ist."

„Ermordet wurde. Es war Mord. Ich weiß das."

„Also egal. Das spielt keine Rolle mehr, dein Vater ist tot und mein bester Freund auch."

„Wie kann es sein, dass mein Vater nie über dich gesprochen hatte? Wie heißt du eigentlich?"

„Teobaldo. Ich bin der Teobaldo, ich bin sogar einmal bei dir zu Hause gewesen, da warst du noch ganz klein."

„Kann ich mich nicht mehr daran erinnern. Und weiter, was hast du damit zu tun?"

„Also, ich weiß, wer deinen Vater erschossen hat."

„Willst du mich auf den Arm nehmen? Kein Mensch weiß es!"

„Doch, ich habe mitbekommen, wer das getan hat."

„Großer Gott, wer war das? Sag mir jetzt und sofort, wer diese schreckliche Tat verübt hat, ich werde ihn sofort umbringen!"

„Weißt du, ich werde es dir sagen, aber ich bin im Moment in einer sehr schwierigen Situation, ich habe auch Kinder und habe keine Arbeit. Seit ich aus Rio de Janeiro hergekommen bin, finde ich hier keine Arbeit mehr."

„Was willst du von mir? Geld besitze ich auch keines. Ich bin arm, genauso wie alle anderen Menschen hier. Wir sind alle arm und fressen, was der Teufel uns als Rest gibt. Ein Schweineleben ist das hier. Und meine Kinder werden auch arm bleiben. Mein Vater hat uns nichts hinterlassen, außer einem Berg voller Schulden. Und du verlangst jetzt was von mir? Ich kann dir nichts geben, was soll ich schon machen?"

„Ja, immerhin hast du eine Arbeit und ich habe keine, so arm kannst du dann schon nicht sein. Vielleicht gibt es für dich ja doch eine Möglichkeit, mir zu helfen. Meine Information ist dir schon was wert, oder? Ich weiß alles über diesen Menschen, der deinen Vater ermordet hat."

„Komm, raus mit der Sprache, sonst bringe ich dich um und für mich ist dann die Situation erledigt, wer weiß schon, ob du es nicht selbst warst und deswegen in Rio untergetaucht bist."

„Du hast Recht, ich war tatsächlich dabei und musste alles mit ansehen. Die Jungs provozierten deinen Vater, aber ich konnte nichts dagegen unternehmen, du weißt, wie diese Leute sind. Weil ich Zeuge war, musste ich so schnell wie möglich von hier weg. Ich floh nach Rio, aus Angst, die würden mir etwas antun. Aber ich bin unschuldig und ich kann nicht mehr länger mit diesem schrecklichen Geheimnis leben, der Mörder muss ins Gefängnis, ich bin bereit, gegen ihn auszusagen."

„Und dafür willst du Geld von mir? Du hast gesehen, wie mein Vater getötet wurde, du bist feige einfach weggegangen und kommst jetzt nach so vielen Jahren, um mir zu berichten, wie alles passierte und wer der Mörder war? Das ist unglaublich, so etwas zu hören. Ich kann es nicht fassen, was denkst du dir eigentlich dabei? Glaubst du, ich bin ein Depp? Mann, das darf nicht wahr sein. Los, jetzt sag schon, wer es war, sonst bekommst du gleich Ärger mit mir."

„Ich brauche Geld, Milo, und zwar sehr dringend, meine Familie hat nichts mehr zu essen, ich weiß nicht, was ich machen soll. Bitte hilf mir, ich gebe dir die Information über den Mörder und du gibst mir dafür ein bisschen Geld."

„Wie viel willst du haben?"

„Ich brauche 1000 Cruzeiros. Das kann nicht viel für dich sein, oder?"

„Ich verdiene im Monat 1200 Cruzeiros und damit muss ich meine Familie ernähren und noch Miete, Gas, Wasser, Strom und mehr bezahlen. Wie sollte ich dir 1000 Cruzeiros geben können? Woher soll ich das nehmen?"

„Du hast noch deine Mutter, sie hat bestimmt was in der Ecke versteckt."

„Du hast Recht, vielleicht kann sie mir was geben, immerhin hat die Angelegenheit mit meinem Vater zu tun. Ich werde mit ihr sprechen. Aber wenn die Information nicht stimmt, dann bist du dran. Das muss dir klar sein. Verstanden?"

„Ja, klar, ich habe es verstanden. Morgen um 19:00 Uhr bei Pablo in der Bar?"

„Nein, dort kennen mich zu viele Menschen, wir treffen uns am Fluss, genau an der gleichen Stelle, an der mein Vater ermordet wurde. Wenn du dabei warst, dann weißt du, wo das ist. Nicht wahr?"

Die beiden verabschiedeten sich, ohne sich die Hand zu reichen. Von diesem Tag an konnte Milo keine Ruhe mehr finden, endlich konnte er diesen Mörder hinter Gitter bringen oder einfach so aus dem

Verkehr ziehen. 1000 Cruzeiros waren schon sehr viel Geld für Milo. Aber die Information war es ihm wert. Seine Frau hatte ein Sparschwein, in das sie immer was rein getan hatte für eine finanziell enge Situation, mit Sicherheit wäre genügend Geld drin, um den Informanten zu bezahlen. So dachte Milo. Am frühen Morgen, bevor er zur Arbeit ging, zertrat er das Sparschwein im Garten und zählte das Geld. Es waren 760 Cruzeiros drin, mehr bekam er nicht zusammen, sonst hätte er kein Geld mehr gehabt, um Zug und Bus für die Arbeit bezahlen zu können. Den ganzen Tag über konnte Milo an nichts anderes mehr denken als an den Mörder und den Informanten, der preisgeben wollte, wer seinen Vater erschossen hatte. In ein paar Tagen könnte der Verbrecher im Gefängnis sitzen, das hätte ihm gar nichts ausgemacht, wichtig war nur, seinen Vater zu rächen, das war er ihm schuldig, nur so könnte er eines Tages seinen Frieden wieder finden. So dachte er in seiner Wut und seinem Zorn.

Der Tag ging sehr langsam vorbei. Als es endlich 19:00 Uhr geworden war, stand Milo am Fluss bereit und wartete gespannt auf den Informanten. Um 19:30 Uhr tauchte dann endlich der Herr mit einem großen Hund auf, der Milo mit seinen großen dunklen Augen anfunkelte. Ohne lange zu zögern, fragte er:
„Na, hast du das Geld dabei? Sonst kann ich gleich umkehren und nach Hause gehen."
„Ja, ich habe schon was dabei, aber nicht alles."
„Kein Geld, kein Deal. Was denkst du, willst du das monatlich zahlen oder was? Komm bitte nicht zu nah, mein Hund ist ein bisschen böse heute. Schlechte Laune. Das ist ein gefährliches Weib."
„Ich habe nur 760 Cruzeiros, mehr habe ich nicht und das ist von meiner Frau. Heute Abend gibt es mal wieder Ärger bei uns zu Hause wegen dem Geld. Nimm, oder wir können den Deal vergessen."
„Mehr hast du nicht?"

„Nein, nichts zu machen. Ende des Monats schon."

„Wer weiß, ob du bis dahin noch lebst. Wenn du schon vor so viel Wut kochst, man weiß nicht... Denk daran, wenn du ihn umbringst, dann landest du im Gefängnis und deine Kinder haben auch keinen Vater mehr, genau wie du."

„Ist mir egal, aber der Typ muss ins Gefängnis."

„Den bringst du nicht ins Gefängnis, niemals! Dafür hast du nicht genug Einfluss hier in der Stadt und zudem hat er die Stadt unter sich."

„Wer war es?"

„Zuerst das Geld, dann die Information."

„Wie kann ich wissen, dass die Information stimmt?"

„Das liegt in der Natur, du musst es glauben oder vergessen. Ich schwöre im Namen deines Vaters, dass das, was ich dir sagen werde, die Wahrheit ist, es stimmt, was ich sage, ich war sein bester Freund. Aber er ist tot und wir leben noch. Mann, ich habe auch gelitten bei seinem Verlust. Denkst du etwa nicht? Wie oft waren wir hier am Fluss zusammen, sehr oft, lange Nächte hindurch." „Und warum hast du nichts dagegen unternommen? Warum hast du ihm nicht geholfen?"

„Ich hatte es versucht, aber ich bin zu spät gekommen. Ich war ganz weit weg, als ich die Schüsse gehört hatte. Ich war der Älteste aus unserer Gruppe, das waren Jungs aus unserem Schützenverein. Ich schrie aus Leibeskräften 'Stopp', aber die haben nichts mehr gehört. Die waren plötzlich taub. Es waren keine guten Jungs, ich versuchte, die Situation noch zu retten, aber es war zu spät. Ich konnte nur noch sehen, wie einer von denen auf deinen Vater gezielt hatte – dann war alles zu spät. Ja, dann war alles zu spät."

„Und warum hast du diesen Mistkerl nicht bei der Polizei angezeigt?"

„Ich wollte es, aber die waren zu sechst gegen mich, die drohten mir. Wenn ich die verpfiffen hätte, dann hätten die gegen mich ausgesagt und ich hätte alleine die Schuld daran tragen müssen. Insofern blieb mir nichts anderes übrig, als hier alles zu verlassen und woanders hinzugehen. Ich bin genug bis jetzt bestraft worden, ich habe meine Familie verloren, das Haus, und meine Kinder leben wie Bettler bei der Oma. Was willst du noch von mir, meine Tochter muss zum Arzt und ich kann ihn nicht bezahlen, deswegen brauche ich Geld von dir."

„Hier nimm das Geld und sag, wer es war. Aber sofort!"

Der Mann nahm das Geld, schaute dem Fluss nach und flüsterte ganz leise.

„Horacio Néves!"

„Das darf nicht wahr sein, Horacio Néves ist unser Oberbürgermeister, denkst du, ich bin ein Trottel oder was?"

„Also, du musst es nicht glauben, aber ich war dabei und habe gesehen, wie er deinen Vater erschossen hat. Mehr kann ich nicht sagen."

„Dieser verdammte Mistkerl, ich werde ihm eine Kugel in den Kopf verpassen, genau wie er es mit meinem Vater gemacht hat."

„Denk darüber nach, mein Freund. Das wird deinen Vater auch nicht mehr zum Leben erwecken. Ich würde es an deiner Stelle nicht tun."

„Und was sollte ich deiner Meinung nach machen? Zur Polizei gehen?"

„Das bringt nichts, du kommst gegen ihn nicht an, ich habe schon gesagt, der ist zu mächtig für dich. Vergiss es! Wenn du zur Polizei gehst, dann kannst du gleich umziehen, du wirst dann dein ganzes Leben lang die gesamte Polizei am Hals haben, einen Prozess gegen ihn wirst du niemals gewinnen. Das sage ich dir, erzähl niemandem davon, wenn er mitbekommt, dass du das weißt, dann wird er dich verfolgen. Du wirst bald im Gefängnis landen, wegen irgendwas, was du nicht getan hast. Das sage ich dir. Diese Leute sind unsere Mafia hier. Du kannst ihm eine aufs Ohr verpassen und die Sache ist erledigt. Aber nicht umbringen oder vor Gericht gehen. Das wäre dein Tod genau wie bei deinem Vater. Er lacht darüber, wenn man über deinen Vater spricht, der hat keine Seele. Lass ihn in Ruhe, denk an deine Kinder und lebe dein Leben weiter, dein Vater ist bereits tot. Na, mach was du willst und sage bloß niemandem, dass ich dir alles erzählt habe. Sonst bin ich dran, und dann mache ich mit meinem Hund zusammen Hackfleisch aus dir. Lass mich ab jetzt in Ruhe. Ich habe mein Geld und du hast deine Information."

Die beiden haben sich wieder getrennt, ohne sich die Hand zu reichen. Milo ging voller Wut nach Hause. Sobald er dort angekommen war, stürzte seine Frau wütend auf ihn los:
„Wo ist das Geld, was hast du damit gemacht? Blumen und Geschenke für deine Geliebte gekauft? Wo ist das Geld?"
„Ah... lass mich in Ruhe, ich habe hier im Haus keinen Frieden mehr."
„Findest du das schön, du klaust Geld von deiner eigenen Frau und den Kindern und willst noch deinen Frieden haben? Es geht zu weit, Milo. Was ist los mit dir?"
„Lass mich in Ruhe, weißt du was, ich gehe mal weg."
„Ja, du gehst zu deinen Kumpels, Bier und Zigaretten, das ist deine Gesellschaft."
„Ja, besser als mit dir in diese Kirche zu schreiten und beten und Amen sagen."
„In der Kirche wärst du besser aufgehoben als unter diesen Kriminellen. Wenn du heute zurückkommst, wirst du mich und unsere Kinder nicht mehr hier vorfinden. Mir reicht es jetzt endgültig."
„Mach, was du willst. Die Tür ist offen."

Und Milo ging voller Zorn weg, er hatte nur ein Ziel, den Mörder endlich zu erwischen – nach so vielen Jahren endlich mal eine Kugel auch in seinen Schädel zu verpassen.
Milo schlenderte zur Bar und irgendwo in einer Ecke saß wieder der Mann mit seinem Hund, der Milo wie beim letzten Mal anstarrte. Der Mann gab Milo ein Zeichen, dass er mit ihm sprechen wollte. Die beiden gingen raus und taten so, als ob sie pinkeln

wollten. Der Mann sprach zu Milo:

„Morgen geht der Oberbürgermeister Horacio Néves angeln, du kannst ihn dort am Fluss treffen. Er wird nicht alleine sein, aber das ist deine Chance, mit ihm zu sprechen. Er angelt immer unter der Brücke. Manchmal geht er auch alleine und bleibt dort bis spätabends. Wenn du Glück hast, wird er dann alleine sein, nicht weit weg von der Brücke hat er ein kleines Haus, in dem er hinterher seinen Schnaps mit Freunden trinkt."

„Ich danke dir, ich brauche einen Revolver, kannst du mir einen besorgen?"

„Ja, klar, aber Geld hast du keins mehr, oder? So ein Jammer, ich hätte einen zu verkaufen. Ich könnte ihn dir morgen Abend vorbei bringen."

„Nein, ich möchte ihn heute schon haben, ich weiß nicht, ob die Kanone in Ordnung ist, ich muss sie erst ausprobieren, bevor ich versuche, diesem Schwein eine Kugel zu verpassen."

„Aber ohne Geld keine Kugel."

„Was kostet das?"

„Wieder ein 1000 Cruzeiros Freundschaftspreis, damit könnte ich dann nach Rio zurückfahren und dort Arbeit suchen."

„Ja. Ich spreche mit meinem Bruder, er hat bestimmt dieses Geld und kann es mir ausleihen. Ich gehe hin und du holst den Revolver, in zwei Stunden treffen wir uns hier noch einmal."

„O.K.! Ich gehe nach Hause und hole meine Kanone."

Milo ging zu seinem Bruder, mit ihm hatte er sich nie so gut verstanden, aber im Notfall war der Bruder immer da – bereit, ihm zu helfen.

„Guten Abend Milo, was gibt's Neues, viel zu tun?"

„Ja, schon, aber alles läuft nicht so wie ich möchte."

„Ich weiß, du brauchst mal wieder Geld. Nicht wahr? Das ist immer dasselbe, wenn du hierher kommst, hinterher habe ich riesigen Ärger mit meiner Frau – was brauchst du? Ich habe gestern eine

Bank überfallen, mein Keller ist voller Geld, das kann ich dir versichern. Ich weiß nicht, was ich damit anfangen soll, willst du was davon haben?"

„1000 Cruzeiros."

„Was? 1000 Cruzeiros? Soviel Geld habe ich hier im Haus nicht einfach so herumliegen."

„Aber ich habe es", klingt eine Stimme sehr verärgert hinter den beiden Männern, die im Garten saßen. Das war die Schwägerin, die immer aufpasste, sobald Milo da war. „Wofür brauchst du das Geld, Milo?", fragte die Frau mit verärgerter Stimme. Muss schon wieder ein Kind zum Arzt? Musst du einkaufen gehen? Gibt es zu Hause nichts zu essen? Musst Du Strom und Wasser zahlen? Du solltest weniger trinken, Milo, und auch nicht mehr rauchen, dann würde das Geld reichen, so wenig verdienst du auch nicht. Egal, weißt du was? Ich besorge dir das Geld, und du brauchst nicht mehr zu uns zu kommen. Ich möchte dich hier bei uns nicht mehr sehen, es ist immer dasselbe und wir bekommen das Geld nie wieder zurück. Hast du eine Ahnung, wie viel dein Bruder dir schon geliehen hat? Du weißt es bestimmt nicht mehr. Es ist ein Wunder, dass deine Frau dich noch nicht verlassen hat, das kann ich nicht begreifen. Du hast Glück, dass sie eine gläubige Christin ist, sonst wäre sie schon lange weg. Aber es wird bald soweit kommen, das kannst du mir glauben. Wo hast du deinen Kopf, Milo? Komm Junge, wache auf für das Leben! Ach... vergiss es, das wird nichts ändern. Ich habe keine Lust mehr, mit dir zu streiten. Ich gebe dir das Geld, ich schenke es dir sogar – und komme bitte nicht mehr zurück zu uns, solange du dein Leben noch nicht in den Griff bekommen hast. Unsere Tür wird von nun an für dich verschlossen sein. Wenn du dein Leben in Ordnung gebracht hast, dann bist du wieder willkommen bei uns. Mann, oh Mann... Ich rede hier wie eine Idiotin. Es reicht mir mit dir, Milo! Wenn das so weitergeht, landest du noch im Gefängnis, das sage ich dir."

Die Frau schritt zu ihrem Schlafzimmer und kam bald daraufhin mit viel Geld in der Hand zurück. Sie warf das ganze Geld auf den Tisch mit den Worten:
„Nimm das Geld und verschwinde aus meinem Haus, bitte. Die Kinder wollen schlafen. Gute Nacht."

Das war für Milo eine Erniedrigung. So etwas erleben zu müssen, war nicht unbedingt schön, aber er hatte das Geld gebraucht und hätte jeden Preis dafür bezahlt. Nun, er hatte keine andere Wahl gehabt. Als er wegging, schloss er seinen Bruder in die Arme, was er niemals zuvor in seinem Leben getan hatte, und ging mit viel Tränen in den Augen fort. Danach gab's bei dem Bruder und der Schwägerin wieder großen Krach wegen dem Geld.

Später, wieder zurück an der Bar – der Mann mit seinem Hund hatte schon gewartet – zog der Mann von seinem Hosengürtel einen Revolver. Er glänzte unter dem Mondlicht. Den zeigte er Milo ganz stolz.
„Mit diesem Ding habe ich schon zwei Hunde von mir erschossen, wenn die nicht brav sind, dann rasiere ich ihnen den Schädel ab. Das müsstest du mal sehen. Hast du das Geld dabei? Aber diesmal 1000 und nicht 760, sonst kann ich gleich weggehen."
„Ja, hier ist das Geld, gib mir die Kanone."
„Ja, hier die Maschine und noch 30 Patronen dazu, damit kannst du den Herrn Oberbürgermeister gleich 30 Mal umbringen, pass auf, Freund, das ist ein 36er Revolver, der macht ein schönes Loch in den Bauch. Viel Spaß und bis bald. Ich mache gerne Geschäfte mit dir."

Beide verabschiedeten sich wieder, ohne sich die Hand zu reichen. Die Nacht war kalt und Milo ging halb betrunken nach Hause zurück. Dort hat er nichts mehr vorgefunden, mit Ausnahme der Tür und der Wände, das gesamte Mobiliar und Inventar waren verschwunden. Seine Frau war weg und hatte das Haus leer geräumt.

Es war sowieso nicht viel mitzunehmen. Nur ein Bett stand noch da und Milo legte sich hin und schlief bis zum nächsten Tag um 11:00 Uhr, dann stand er auf, trank noch ein Bier und ging wieder ins Bett, bis es fast schon Abend war. Es gab nichts zu essen und auch keinen Kochherd, um etwas kochen zu können.

Milo war alles gleichgültig, er hatte nur noch den Revolver im Kopf. Er streichelte die Maschine immer mal wieder und dachte an alle schönen Momente, die er früher mit seinem Vater erlebt hatte. Jetzt war die Zeit gekommen, sich zu rächen. Um 19:00 Uhr ging er zum Fluss, um den Oberbürgermeister zu suchen, aber dort war niemand. Voller Wut ging er zurück und hatte sich entschlossen, zu Herrn Horacio Néves nach Hause zu gehen, also zu dem Mörder, der seinen Vater vor so vielen Jahren getötet hatte. Es war schon eine schöne Strecke zu laufen, aber wer was will, muss schon was dafür tun.

Die Stadt war wie ausgestorben. Kein Mensch war weit und breit zu sehen, nur der Mond am Himmel schien ihn zu beobachten. Milo musste die ganze Stadt durchqueren, bis er in einem sehr vornehmen Viertel angekommen war. Gleich hatte er das Haus, in dem der Oberbürgermeister gewohnt hatte, erkannt, die Familie hatte sehr viel Geld gehabt, nicht nur vom Geschäft, sondern auch von Drogen, wie so in der Stadt erzählt wurde, keiner wusste etwas Genaues darüber. Er war von seinem Vorhaben fest überzeugt. Nach so vielen Jahren gab es keinen Grund mehr, zu zögern. Nun war der Tag gekommen, er wollte seinen Vater rächen. Seinen Revolver hatte er bei sich und drückte ihn fest an sich, als wenn er ein wertvolles Stück wäre.

Entschlossen klingelte Milo bei der Familie Néves und sogleich trat jemand an die Tür, es war die Frau des Oberbürgermeisters. Eigentlich hatte sie nie die Tür aufgemacht, sondern immer der Diener. Das Gesicht kam Milo sehr bekannt vor.

„Guten Abend, Milo, was machst du hier?"

„Kennen wir uns?"

„Ja klar, ich war bei diesem Rock´n´ Roll Kurs gewesen und wir haben sehr oft miteinander getanzt, willst du meinen Mann sprechen?"

„Deinen Mann? Du bist die Frau des Herrn Oberbürgermeister?"

„Ja. Wir sind schon seit fünf Jahren miteinander verheiratet und haben drei Kinder. Drei ganz tolle Kinder, die schlafen schon."

„Donnerwetter, wir haben auch drei Kinder."

„Willst du reinkommen? Hier an der Tür ist es gefährlich, zu stehen." „Nein danke! Ich wollte nur 'Hallo' sagen. Vielleicht treffen wir uns irgendwann einmal wieder beim Tanz, nicht wahr?"

Plötzlich schien die ganze Wut von Milo einfach wie weggeblasen. Er war ein großer Verehrer von Lucina. Milo war damals sehr in sie verliebt, sie hatten sogar ein kleines Verhältnis gehabt, aber weil Milo aus einer sehr armen Familie stammte, hatte er eben keine Chance bei ihr.

„Da – da kommt mein Mann", stotterte sie vor Aufregung, „warte ein bisschen, der kommt gleich."

Es hatte nicht lange gedauert und der Mann war schon bei Milo zu sehen, ein sehr hübscher Mann, sehr gut gekleidet und sehr fröhlich.

„Liebling", sagte die Ehefrau, „das ist Milo, ein guter Freund von mir. Der kann ganz toll Rock´n´ Roll tanzen."

„Ein Freund von dir und du lässt ihn hier an der Tür stehen? Rein mit dir, Milo, wir werden dann zusammen essen. Wo sind die Kinder?"

„Schon im Bett".

„Was, im Bett? Ich arbeite 18 Stunden am Tag und diese faulen Säcke gehen schon um 9:00 Uhr ins Bett? Komm Milo, komm bitte rein."

Nachdem Milo eintrat, richteten die Diener in Windeseile eine wunderschöne Tafel her und bereiteten alles zum Essen vor. Milo sprach fast nichts, vor ihm saß der Mörder seines Vaters, aber er verspürte keinen Zorn oder Hass mehr gegen diesen Mann. Er war ein Mensch – schien plötzlich so zu sein – voller Liebe und Ausstrahlung, kaum zu glauben, dass so jemand ein Mörder sein konnte, aber er musste die Sache klären. Gleich nach dem Essen sprach Milo mit sehr schwacher, zittriger Stimme, fast wie ein Mädchen und ganz langsam:

„Herr Oberbürgermeister, ich möchte ehrlich mit Ihnen sein. Ich bin heute hierher gekommen, weil ich Sie umbringen wollte." Mit feuchten Händen fasste er an seinen Revolver.

„Oh Milo, das kannst du noch machen, aber essen wir zuerst noch den Nachtisch, dann kannst du mich umbringen so oft wie du willst."

„Es ist mir ernst damit, ich bin der Sohn von Herrn Bernardo, dem Fischer; er ist vor vielen Jahren am Fluss ermordet worden. Jemand hat ihn erschossen. Das war mein Vater."

„Das weiß ich ganz genau, Milo, du hast deinen Vater verloren und denkst, wenn du mich nun umbringst, dann ist alles erledigt, dann hast du deinen Vater wieder. Nicht wahr? Ich weiß, was du denkst und wie dir zumute ist. Ich werde jetzt nicht leugnen, dass ich deinen Vater erschossen habe."

Im Raum war plötzlich Totenstille. Ein Diener ließ ein Tablett fallen und dachte daran, die Polizei anzurufen. Der Oberbürgermeister sprach sehr leise und präzise:

„Ich bin froh, dich heute hier zu treffen, ich wusste nicht, dass der Herr Bernardo einen Sohn hatte. Ja, ich habe ihn erschossen und damit konnte ich auch all diese Jahre fast nicht leben. Ich bin froh, dass du zu mir gekommen bist. Nun, ich habe genau wie meine anderen Freunde niemals die Absicht gehabt, jemanden zu töten. Es ist passiert und es tut mir sehr leid. Und jetzt stehen wir zusammen da und dein Vater ist auf dem Friedhof. Mein Sohn, mach, was du willst. Wenn du eine Pistole dabei hast, darfst du mich erschießen, wenn du keine hast, ich habe eine hier im Haus und du kannst sie haben. Auch ich möchte dieser schrecklichen Geschichte endlich ein

Ende bereiten. Mit diesem schlechten Gewissen kann ich nicht mehr leben, auch wenn ich Karriere gemacht und Erfolg habe, auch wenn ich so eine liebe Frau und liebe Kinder an meiner Seite haben darf, aber das ist kein Leben, ich wache fast jede Nacht auf und höre den gleichen Schuss, den ich gegen deinen Vater gegeben habe. Wir waren alle betrunken und wussten nicht, was wir getan haben. Mach, was du willst, mein Junge, aber bringen wir heute alles für immer hinter uns!"

Bei den Worten des Oberbürgermeisters fing Milo an, bitterlich zu weinen, ihm war es nicht mehr möglich, so einen Menschen umzubringen, wie er es sich jahrelang vorgenommen hatte. Seine Gedanken waren voller Hass, aber seine Seele war noch voller Licht, Frieden und Vergebung. Er weinte und weinte wie ein kleines Kind. Dann nahm Milo seinen Revolver raus. Der Oberbürgermeister machte keine Bewegung, um sich zu schützen und zeigte auch keine Angst.

Fast ohne Stimme sprach Milo zu dem Oberbürgermeister:

„Hier, ich schenke Ihnen meine Kanone, so was brauche ich nicht mehr. Mein Vater sollte in Frieden im Himmel sein und Sie sollten auch in Frieden leben können, Herr Oberbürgermeister. Ich habe für mich nun endlich meinen Frieden gefunden, jetzt muss ich niemanden mehr umbringen."

„Danke, Milo. Ich weiß deine Schmerzen zu schätzen und die ganzen Jahre, die du mich gesucht hast. Nur eines möchte ich dich bitten. Im Namen Gottes, verzeihe mir, im Namen Gottes, vergib mir bitte, damit auch ich meinen Frieden finden kann."

„Ja, Herr Horacio Néves, ich verzeihe Ihnen, und im Namen meines Vaters vergebe ich Ihnen auch. Gott sei mit Ihnen und wir sollten alle in Frieden leben."

Als Milo das Haus dann wieder verlassen hatte, fühlte er sich wie neu geboren. Er wusste, dass seine Frau noch in der Kirche war und wollte sie dort besuchen. Er wollte mit ihr und seinen Kindern ein neues Leben anfangen. Er lief ganz schnell, als er plötzlich bemerkte, dass jemand auf ihn wartete. Das war der Herr mit seinem Hund. Lachend fragte er Milo:

„Na, hast du ihn erschossen?"

„Nein, das konnte ich nicht tun, aber ich habe ihm verziehen, ja, ich habe dem Mörder meines Vaters vergeben können, jetzt kann ich mit mir in Frieden leben und mein Vater kann mit Sicherheit auch in Ruhe im Himmel seine Fischsuppe kochen."

„Das finde ich gut, mein Sohn. Das hast du sehr gut gemacht. Weißt du, jemanden zu töten ist sehr leicht, aber jemandem von Herzen zu verzeihen, das ist sehr schwer, viele schaffen das nicht."

„Aber wer sind Sie, warum nennen Sie mich plötzlich 'mein Sohn'? Haben Sie immer noch nicht genug von allem? Wer sind Sie denn?"

„Wer ich bin? Ich bin dein Geistführer, dein Schutzengel, wenn du so sagen willst."

„Na gut, mein Schutzengel verkauft mir einen Revolver und schaut, dass ich zum Mörder werde. Das finde ich ausgezeichnet, zum Glück habe ich den Mann nicht umgebracht."

„Ich wusste, dass du so was niemals tun würdest. Aber wenn wir nicht so weit gegangen wären, hättest du dich selbst umgebracht."

„Sehr witzig. Na gut, sind wir hier im Fernsehen oder was?"

„Nein, wir sind nicht im Fernsehen, wir sind hier auf Erden, wo es wunderbar zu leben ist, du musst es nur wollen."

„Na gut, es ist alles vorbei und ich gehe zu meiner Familie. Pass gut auf sie auf."

„Hier mein Sohn, hier ist dein Geld, gib es deinem Bruder und deiner Frau zurück, ich brauche das nicht."

„Aber den Revolver habe ich verschenkt."

„Ist schon gut, den brauche ich auch nicht mehr, morgen früh wird es diese tödliche Waffe nicht mehr geben. Der Revolver wird sich von selbst in Luft auflösen. Also Zeit, zu gehen. Pass gut auf dich auf und wenn du wieder Lust hast, jemanden umzubringen, dann rufe mich und wir machen das zusammen, klar?"

„O.K.! Das machen wir.

Der Hund verwandelte sich in eine weiße Taube und der Mann in einen wunderschönen Engel. Milo konnte kaum glauben, was er gesehen hatte, wie konnte so was nur möglich sein? Der Engel flog ein paar Mal um Milos Kopf herum und verabschiedete sich.

„Hallo, sehen wir uns wieder?“

„Oh..., ja!“

„Und wann und wo?“

„Im Himmel, mein Junge, im Himmel, wo ich wohne.“

„Wer bist du eigentlich?“

„Ich bin der Engel der Vergebung, das bin ich. Ade, mein Sohn, ade! Gott sei mit dir.“

Milo verlor seinen Vater.
Auf tragische Weise
kam er durch fremde Hand
durch Schüsse ums Leben.

Milo konnte nicht vergessen,
Wut, Trauer, Schmerz
umklammerte sein Herz,
Gedanken des Hasses durchbohrten seinen Geist.

Er gab sich diesen Gedanken ganz hin,
machte sie wirklich,
blendete alle anderen Impulse aus
und hatte nur noch ein Ziel:

Seinen Vater zu rächen.
Diesem Gedanken verlieh er all seine Kraft,
Erwartungen – projiziert auf seinen Vater
rechtfertigten seine Haltung,
gaben ihm zusätzlich Energie.

Jede Hilfe schlug er aus,
niemand hatte Zugang zu seinem Herzen.
Seinen Weg gab er sich selber vor,
die Rache war sein wichtigstes Ziel.

Alle Begegnungen waren daraufhin ausgerichtet.
Beim Teufel wollte er den Mörder sehen,
projizierte all seinen Hass auf diese Geschichte.
Seine eigene Höllenfahrt nahm seinen Lauf.

Manchmal müssen wir erst alles verlieren,
alles, was uns jemals etwas bedeutet hat.
Und selbst dann sind wir nicht bereit,
von unseren festgefahrenen Vorhaben abzulassen.

Wenn wir Glück haben und es zulassen,
begegnen uns seltsame Umstände,
Umstände, die uns an die LIEBE erinnern,
und dazu bedarf es dann einem Funken Bereitschaft.

Bereitschaft, Wunder zuzulassen,
Bereitschaft, die Dunkelheit unserer Gedanken lichten zu wollen,
Bereitschaft, Frieden fühlen zu wollen,
Bereitschaft, das Leben neu zu betrachten.

Bereitschaft für seltsame Begegnungen,
die uns das Wunder des Lebens lehren, zu leben.

Der Schriftsteller

Wer gut schreiben kann,
Schreibt nicht alles,
Sondern deutet nur an,
Damit der Leser durch
Seine eigene Kreativität
In der Form der Phantasie
Alles verstehen kann.

Schreiben ist eine wunderbare Gelegenheit,
der Inneren STIMME Raum zu geben –
Raum zur Entfaltung.
In dem Moment,
wo die Sprache das Herz des Lesers
zum Schwingen bringt,
in dem Moment
finden Berührungen
mit unserem GÖTTLICHEN GEWAHRSEIN statt.
Mögen sich viele Herzen
durch die Sprache der LIEBE öffnen
und die STRAHLEN der Verbundenheit empfangen.

Meine Gedanken
Kreuzen den Raum,
Ich bin von allem
Leer geworden.
Ich suche mein Dasein.
Ich habe mich
In meinen Gedanken
Rücksichtslos verloren.
Wo bin ich,
Wenn ich nicht da bin?
Wo sollte ich sonst sein?
Gott, bist du noch da?
Mein Ich,
Mein Ego,
Meine Seele,
Was bin ich alles noch?
Bin ich das?
Oder bin ich nur
Die Hälfte von mir selbst?
Bitte, vergib mir.

Mein Ego – nur ein Gedanke?
Wer bin ich?
Was glaube ich zu sein?
Bin ich der Körper, als den ich mich wahrnehme?
Oder bin ich die Rolle, die ich meinem Körper zuteile?
Die Rolle als Mutter,
als Partnerin,
als Freundin,
als Köchin,
als Trösterin,
als Tochter,
als Priesterin,
als Psychologin...
... oder bin ich einfach nur ein Gedanke?
Ein Gedanke in einer vorgestellten Welt?
Ein Gedanke in meiner Traumwelt?
Ein winzig kleiner Gedanke –
entsprungen aus dem Ego-Wunsch
mich selbst zu erfahren,
mir selbst zu begegnen,
mich selbst zu erkennen,
in all meinen Rollen.

Ein winzig kleiner Gedanke –
der mich mit viel Macht versieht,
mit Verlockungen, mich mit all meinen Rollen zu identifizieren,
mich glauben zu machen – dass ich das bin –
solange,
bis ich bereit bin, zu erwachen –
solange, bis ich bereit bin, meinen Ego-Gedanken
von der Vorstellung all meiner geglaubten Identifikationen
loszulassen.

Solange, bis ich bereit bin, mir all meine Rollen,
mir all meine Verwechslungen zu vergeben.
Solange, bis ich bereit bin, mich von IHM führen zu lassen,
und von nun an mich selbst in IHM zu erkennen,
in allen Begegnungen nur noch IHN wahrzunehmen,
IHN dankbar in mein Herz zu schließen
und gemeinsam an SEINER HAND
die Reise nach HAUSE
zurückzugehen.

Mein Ego – nur ein Gedanke!

Liebe zeigt sich
Und entwickelt sich
Mit der Zeit!
Respekt und Geduld
Macht aus einer Verbindung,
Aus einer Beziehung
Was Dauerhaftes.
Nun, wie wir wissen,
Alles ist vergänglich!

Selbstverständlich,
Wir Menschen
Haben auch die Macht,
Manches zu verlängern
Und dadurch
Das Glück des Alltags
Fast dauerhaft zu erreichen.

LIEBE ist immerfort Bestandteil unseres Wesens.
Alles was wir sind ist LIEBE.
Es gibt Momente,
in denen wir einen Hauch
der allumfassenden LIEBE erspüren dürfen.

Momente, die sich spiegeln –
in zauberhaften Begegnungen,
im Lächeln eines Kindes,
in Berührungen eines Freundes,
in sphärischen Musikklängen,
in Augenblicken der tiefsten Sehnsucht.

Tiefste Sehnsucht, die sich einstellt,
sobald wir mit solchen Momenten
in Berührung kommen.
Der Wunsch, aus einem verzauberten Moment
etwas Dauerhaftes zu machen
entspringt unserer eigenen Unsicherheit,
die sich des dauerhaften allumfassenden Glücks
nur für Momente würdig fühlt.

Lassen wir die Momente der LIEBE,
die Momente des Verzaubertseins
tief in unser Herz,
um daraus dauerhaft Frieden und Vertrauen
für all unsere Aufgaben,
für all unsere Begegnungen
zu schöpfen.

Vergebungszeremonie

Eines Tages wurde in meinem Leben alles trüb und dunkel, alle Wege, die ich bis zu diesem Zeitpunkt gegangen bin, waren plötzlich voller Hindernisse und viel zu weit entfernt, ich wusste nicht mehr wohin!

Jemand, den ich sehr geliebt habe, hat mich sehr verletzt und verlassen, ich fand mich in mir selbst nicht mehr zurecht, ich war weder der Hauptdarsteller, noch der Direktor dieses Theaterstücks namens „Leben". Ein Freund sagte eines Tages zu mir:

„Vergib dir selbst!"

Nun, dachte ich, ich hatte mir selbst nichts getan, wieso sollte ich mir vergeben? Ich bin verletzt worden, ich gab mir keine Schuld in dieser Tragödie, wieso und warum sollte ich mir selbst verzeihen? Dann sprach wieder der gute Freund zu mir:

„Vergib dir selbst!"

Mit diesem Gedanken habe ich mich tagelang gequält. Eines Tages traf ich mich in einer Kirche wieder, das war in der „St. Anna" Kirche in Neuenkirchen, Westfalen, dort saß ich für eine Weile und wusste nicht, warum ich eigentlich dort war. Plötzlich strömten Tausende von Tränen in meine Augen, ich dachte, ich müsste sterben, in meiner Brust war ein unerträglicher Schmerz. Dann hörte ich in meinen Ohren wieder die gleichen Worte von meinem guten Freund, der mir zum wiederholten Mal sagte:

„Vergib dir selbst!"

Mit sehr viel Mühe habe ich leise flüstern können:

„Gott, hilf mir, auch wenn ich nichts getan habe, bitte, verzeihe mir."

Alles blieb ganz ruhig und still, es war nichts zu hören, aber in meinem Kopf habe ich immer den gleichen Satz vernommen:

„Vergib dir selbst!
Vergib dir selbst!
Vergib dir selbst!"

Und das habe ich dann getan, mit viel Schmerz und in Tränen gebadet, habe ich in diesem Moment zu mir und zu Gott gesagt: „Ich vergebe mir! Ich verzeihe mir!"

Egal, was passiert ist, ich verzeihe mir von ganzem Herzen. Mein Gott, hilf mir, meinen Weg in meinem Leben wieder zu finden. Egal, was passiert ist, ich vergebe mir. Die ganze Schuld nehme ich auf mich und verzeihe mir selbst. Ich darf mich nicht weiter quälen und so tun, als hätte ich an meinem Schicksal und an dieser Tragödie keine Schuld gehabt.

Ich vergebe mir und ich verzeihe mir jetzt und für immer. „Bitte mein Gott, hilf mir. Hilf mir, meinen Weg und meinen Frieden in meinem Leben wieder zu finden. Bitte hilf mir!"

Dann hörte ich von weitem eine Stimme, die zu mir sprach:

„Mein Sohn, gehe nach Hause, du hast den ersten Schritt soeben getan, um deinen Frieden wieder zu finden und auch, um anderen Menschen verzeihen zu können. Die Vergebungszeremonie hast du mit dir selbst jetzt angefangen. Ja, mein Sohn, führe es fort, versuche allen anderen Menschen, die dir was getan haben, versuche ihnen zu vergeben, versuche ihnen zu verzeihen, dann wirst du deinen Frieden finden können."

Ich begab mich nach Hause, und so habe ich es befolgt. Zu Hause angekommen, habe ich weiter gebetet und habe all meine Feinde und all meine Mitmenschen, die meiner Ansicht nach was gegen mich getan haben, von ganzem Herzen von meinem Hass erlöst. Ich habe tausendmal immer wieder erneut wiederholt:

„Ich vergebe mir und all meinen Mitmenschen!
Ich verzeihe mir und all meinen Mitmenschen!"

Wer sich selbst nicht vergeben kann, wird niemals seinem Bruder vergeben können.
Fang mit dir selbst an!
Man kann nicht satt sein, wenn man nicht einmal davon gekostet hat.

Auch wenn ich nicht weiß
und nicht verstehen kann,
weshalb ich diesen Schmerz durchleben musste,
und auch wenn alle Dinge dagegen sprechen,
dass ich daran beteiligt bin,
so bin ich dennoch bereit,
meinen Anteil am gemeinsamen Geschehen
zu mir zu nehmen.
Ich vergebe mir dafür,
dass ich die Welt so schmerzhaft wahrnehme.
Ich vergebe mir
all meine Überzeugungen,
die mich diesen Schmerz haben erfahren lassen.
Ich vergebe mir und bin nun bereit,
mich von allen zwanghaften Ketten und Fesseln zu befreien,
mich von alten Mustern, die mich im Schmerz verweilen lassen,
zu lösen.
Vertraue ich doch darauf,
wenn ich geheilt bin, bin ich nicht allein geheilt!
Ich bin bereit, neue Wege zu gehen.
Ich bin bereit, meine Erfahrungen neu zu deuten.
Ich bin bereit, die Vollkommenheit in meinem Erleben zuzulassen,
auch wenn ich nicht verstehen kann, warum.
Stets in der Obhut SEINER Führung –
bin ich nun bereit.

Eines Tages fühlen wir uns verletzt,
Am Boden zerstört.
Wir haben den Eindruck,
Dass die ganze Welt gegen uns ist
Und wir allein sind –
Ganz allein.
Der Horizont ist so weit weg,
Dass wir selber uns nicht mehr finden können.
Dann ist Zeit für ein Gebet.
Zeit für Meditation.
Zeit für Vergebung.

Du bist nicht allein!
Sechs Milliarden Menschen
Begleiten dich auf diesem Planeten.
Du bist nicht allein.

Die Gewohnheit einer verflossenen Beziehung
Hat dich einsam gemacht,
Aber du bist nicht allein.
Mein Bruder oder meine Schwester –
Ich bin bei dir.
Deine Schmerzen kann ich voll mittragen!
Du bist nicht allein.

Meine Verletztheit macht mich blind
für alles Schöne dieser Welt.
Meine Gedanken sind mir
so fremd geworden.
Einsamkeit durchdringt mein Dasein,
lässt mich verweilen in der Zeit,
die Zeit des Schmerzes,
die es für mich noch braucht,
solange, wie ich mir die Zeit geben möchte.
Solange, bis ich vielleicht einen Blick erhasche,
in die Tiefen einer anderen Welt.
In den Tiefen einer anderen Seele
mich wiederfinde im vertrauten Sumpf,
und nun erkenne,
ich bin nicht allein.
Indem ich mich auch für den Schmerz
des anderen öffne,
finde ich mich selbst im anderen wieder.
Ich will mir meinen Schmerz vergeben
und liebe mich dafür.
Darf ich doch erkennen,
wie wertvoll all meine Begegnungen
von nun an sind.

Die Liebe reflektiert mein Leben
Wie ein klares Wasser.
Ich trinke was davon und biete
All meinen Mitmenschen
Auch etwas davon an.
Dadurch lösche ich meinen Durst
Und verhindere, dass
Andere Menschen auch dürsten müssen.
Liebe ist wie ein Besuch.
Sie kommt und geht, wann sie will,
Meldet sich nicht im Voraus,
Macht keinen Termin,
Kommt, nimmt Platz und wartet darauf,
Gesehen und gespürt zu werden.

Die Liebe reflektiert mein Leben
Wie ein klares Wasser –
Ein klares Wasser aus einem Fluss,
Das in meinen Adern voller Frieden fließt,
Kommt und geht,
Ohne sich anzumelden,
Und nimmt auch keinen Abschied,
Wenn alles vorbei ist.
Halte fest an deinem Glück,
Die Liebe hat viel damit zu tun.

Z009 Conny Zahor

Die LIEBE
ist immerfort Bestandteil meines Wesens,
unabhängig von Raum und Zeit,
von Geist und Materie.
LIEBE ist alles, was ICH BIN.

Das Recht zu lieben und zu verzeihen –
Daran sollte jeder in dieser Welt
Teilhaben können.
Wer es nicht so sehen kann
Und übersieht,
Dass Liebe der einzige Weg ist,
In der Welt Frieden zu schaffen,
Der schafft seinen eigenen Krieg
Und wird von seinen eigenen Waffen besiegt.
Und diese Waffe heißt Hass.
Jeder hat das Recht, sein Recht zu haben,
Jeder hat das Recht zu leben
Und geliebt zu werden.

Unser eigenes angebliches Recht
lässt uns in unserer Kleinheit verweilen.
Nur wenn wir uns vertrauensvoll
dem Fluss des Lebens hingeben,
ohne unsere eigenen Bedingungen zu stellen,
kommen wir mit unserer
WAHREN GRÖßE
in Verbindung
und öffnen die Tür
zu unserem Herzen.

Als Jesus sagte:
„Liebe deinen Nächsten, wie dich selbst",
Meinte er nicht eine egoistische Form,
Dass du nur dich und dein Ego
Vor dir sehen und bewundern sollst.
Es bedeutet vielmehr: Gib alles von dir
Und erwarte keine Belohnung.
Vergib deinen Feinden
Und schaff nicht morgen in jeder Ecke
Wieder neue Feinde,
Neue Feinde, die dir
Dein Leben nur schwer machen.
Der Weg zum Frieden
Liegt nicht weit weg von deinen eigenen Füßen.
Wünsche dir das Beste.
Liebe dich so sehr,
Dass du die anderen auch lieben kannst.
Heirate deinen Schatten voller Liebe.
Betrachte dich in deinem Spiegel
Wie ein ewiger Begleiter, der dir
Nur Gutes wünscht.
Dann kannst du folgen,
Was Jesus so klug gesagt hat.
Weißt du, was ich meine?

Z011 Conny Zahor

Wenn ich mir selbst klarmache,
dass ich immer das Beste gebe
und diese Haltung auch in anderen
anerkenne und würdige,
unabhängig von all ihrem Tun,
dann komme ich von jeglichen Schuldgedanken frei
und befinde mich auf dem Pfad des Glücks in mir selbst.

Toninho

Es gibt zwei Erfahrungen in meinem Leben, die ich nicht vergessen kann.

In meiner früheren Grundschule gab es Jungs, die nicht mit dem Löffel gegessen haben. Es waren darunter richtig böse Jungs, die keinen Spaß verstanden, wenn ein Weißer in die Klasse kam. Eines Tages bin ich dieser neue Weiße gewesen. Ich war neu in der Klasse und alle Augen richteten sich auf mich. Die Begrüßung war herzlich und mit aller Ehre, die man einem Neuling erweisen kann. Der Junge, der mir als Erster dann begegnete, pöbelte mich sofort an: „He, du Gelatine, wir werden dich hier fertig machen, du hast hier in unserer Klasse gar nichts zu suchen, hau ab, du Stinktier. Wird es wohl bald?"

Ich hatte mir mit Ruhe alles angehört und ging weiter. Wohin sollte ich gehen, das war meine Schule und ich musste hier verweilen. In meiner Gegend war ich der Chef, da – in der neuen Schule – war ich nur ein kleiner Weißer, der dort gar nichts zu suchen hatte. Die Jungs hatten es auf mich abgesehen. „Da hilft nur Power", sagte ich zu mir, obwohl viele kräftige Jungs dabei waren, Jungs, die nichts anderes machten, als sich den ganzen Tag über auf der Straße aufzuhalten, Schimpfworte auszutauschen und sich zwischendurch zu verprügeln.

Die ersten Stunden gingen schnell vorüber. Ich wusste, dass an dem Tag ein kleiner Junge von denen zur Bratwurst gemacht werden sollte und dieser kleine Junge schien ich zu sein. Es war ratsam, auf der Hut zu sein.

„Hast du Essen dabei?"

„Ja!", erwiderte ich.

„Die Hälfte davon bekomme ich, ist das klar, du Schwuler?"

Für die kleinen Neger, die nicht weit weg von der Schule in Slumsviertel gewohnt hatten, war ein Weißer in der Schule automatisch schwul. Klar! Ich ließ mich nicht beeindrucken und verließ das Klassenzimmer, um zur Toilette zu gehen.

„Gehe nicht auf die Toilette!", warnte mich ein anderer kleiner Junge. „Die werden dich dort fertig machen!"

„Wie bitte? Soll ich vielleicht in die Hose pinkeln?"

„Gehe lieber nach draußen ins Gebüsch, die warten nur darauf, dass du die Toilette aufsuchst."

Eines wurde mir klar. Ich musste mich entscheiden, entweder in die Hose zu machen oder unter freiem Himmel irgendwo zu pinkeln. Es gab keine andere Wahl. Es lebe die Natur. Wenn das so ist, dachte ich mir, dann legen wir los. Ich hatte zum Frühstück sehr viel getrunken und meine Blase machte sich bemerkbar. Ich musste dringend und konnte nicht mehr länger warten. Ich verließ das Klassenzimmer, um eine kleine Ecke aufzusuchen, in der ich mich befreien konnte. Als ich die Natur dann endlich begossen hatte, kamen die Jungs vorbei und schupsten mich weg. Mein Bedürfnis zu pinkeln war vergangen, meine Uniform – meine einzige Hose – war nass geworden und die Jungs lachten sich halb tot über mich. Ich packte dann rasch mein bestes Stück wieder ein und schaute mir die Jungs genauer an. Der Chef war ein kleiner Junge, sehr kräftig gebaut, mit kaputten Zähnen im Mund.

„Ja, mein Kleiner, immer die Ruhe bewahren, warte auf die Gelegenheit, dann kannst du zurückschlagen."

Schnurstracks wollten die auf mich losgehen und ich wusste, dass es jetzt wohl angebracht war, den Rückwärtsgang einzulegen. Ich war schnell beim Rennen und konnte sie zügig abhängen. Aber den Chef der Bande nahm ich ganz genau ins Visier. Der war schon auch sehr flink und rannte mir wie eine Bestie hinterher. Als wir fast am Schultor waren, setzte ich die Handbremse ein, drehte mich postwendend um und verpasste dem Jungen hinter mir einen kräftigen Schlag. Ich traf ihn genau in seinen dicken Bauch – so was hat mir mein lieber Vater ganz gut beigebracht, danke, lieber Papa. Es ging alles sehr schnell. Der Junge mit den kaputten Zähnen fiel sofort auf den Boden und schien ein ernsthaftes Problem zu haben. Mit ihm war vorerst mal Feierabend. Ich schaute den Banditen genau in die Augen und forderte sie zum Kampf auf:

„Der Nächste, bitte!"

Die Jungs konnten es nicht fassen, dass ich so viel Kraft gehabt hatte, obwohl ich so harmlos aussah.

Klar, ich habe natürlich nicht auf den nächsten Junge gewartet. Ich wusste, dass gleich die Klassenlehrerin kommen würde, außerdem musste ich mein „Geschäft" fortführen, sonst hätte ich doch noch in die Hose machen müssen und die war sowieso schon nass.

Als ich wegging, da waren ein paar hinter mir her, das waren die unterdrückten Jungs, die Schutz bei mir suchten.

„Mensch, du warst richtig klasse!", lobte mich ein kleiner Junge. Können wir in deiner Bande sein?"

„In welcher Bande?", fragte ich mich. Vielleicht hatten die an die Banditen mit dem Motorrad gedacht – mir gehörte keine Bande, aber es schien, als hätte ich denen so imponiert. Ohne zuviel zu überlegen, entgegnete ich:

„Ja klar, aber wer nicht pariert, der liegt auf dem Boden genau wie der Mistkerl dort und ich mache aus ihm Bratwurst."

Das hatte die Jungs vielleicht mächtig beeindruckt, mein Gott! Ich war plötzlich der King, ohne mich sonderlich anstrengen zu müssen. An meiner Seite waren Jungs, die auch nicht mit dem Löffel gegessen haben, aber im Gegensatz zu den anderen schienen sie relativ harmlos zu sein.

Also, auf diese Weise ist dann unsere Klassenbande entstanden und wir hielten vier Jahre lang zusammen. Weiße gegen farbige Jungs, aber das hat sich sehr bald geändert. In unserer Klasse waren etwa 40 Jungs, 40 Kinder in einem Unterrichtsraum, und alle Kinder stammten aus sehr armen Familien, genau wie ich. Keiner konnte ein Pausenbrot mitbringen, weil es sofort geklaut wurde; man hatte in der Pause sowieso keine Ruhe, etwas zu essen, ohne dass einer dem anderen alles wegnahm und ihm zudem noch eins hinter die Ohren verpasste. Für mich war die Situation klar, so was musste aufhören und dafür wollte ich sorgen. Ich hatte die meisten Jungs an meiner Seite. Nun wusste ich, dass der Kampf nicht zu Ende war, sondern soeben erst begonnen hatte. An diesem Tag war der Unterricht zu Ende gegangen und ich bin noch einmal glimpflich davongekommen. Ich konnte mich beinahe schon entspannt auf den Heimweg begeben. Mir folgten Scharen von Jungs, die mich begleiten wollten, wir erzählten uns vieles und lachten, dann blieb ich stehen und sagte genau, was ein Chef sagen musste:

„Jungs, ab heute ist Training angesagt, ich wohne genau dort an der Brücke, da treffen wir uns in zwei Stunden, wir müssen uns für den Kampf vorbereiten. Wer sich in die Hose macht, muss nicht kommen, aber darf sich auch nicht quer in unseren Weg stellen. Wir müssen vieles in der Schule ändern."

„Chef, wir brauchen einen Namen."

„Was für einen Namen?", fragte ich.

„Ja, jede Bande hat doch einen Namen."

„Adler", schlug einer vor.

„Nein, das ist kindisch", erwiderte ein Japaner, dessen Vater ein Lebensmittelgeschäft in der Stadt hatte.

Ich sah den Jungen aus Japan an und entgegnete ganz spontan:

„Samurai, unsere Gruppe heißt Samurai. Wer ist dafür und wer ist dagegen? Wer dagegen ist, bekommt eines auf die Eier." So habe ich es ganz diplomatisch gemacht.

Ja, wir lebten damals in Brasilien in der Zeit der Diktatur, in der viele Menschen oft ohne jeglichen Grund und ohne Gerichtsverhandlung verfolgt und auch umgebracht wurden. Die Merkmale eines Militärregimes waren eindeutig. Wegnehmen, wer im Weg stand. Sogar Freunde meines Vaters sind bis zum heutigen Tag nicht mehr nach Hause zurückgekehrt, nur weil die was gegen die Regierung gesagt hatten.

Die Jungs haben sehr laut geschrien und waren von dem Namen begeistert: „Samurai." Wir waren keine Japaner, aber so ein Name, das würde den anderen schon imponieren.

„Samurai! So heißt unsere Bande. Wer will, kann jetzt noch aussteigen, aber der bekommt eine auf die Fresse von mir. Seid ihr damit einverstanden?"

„Ja! Samurai ist geil!"

Ich folgte dem Szenarium und wusste, dass meine Aufgabe nicht leicht sein würde. Ab dem Tag war mir bewusst, dass ich tierisch aufzupassen hatte – wir mussten uns durchsetzen und unser Revier festlegen und verteidigen.

„Also, unser Revier geht bis zu der Bahnlinie. Kein anderer hat hier was zu suchen."

„Aber Chef, da sind die Spinner. Wir haben keine Chance gegen die."

„Die Spinner müssen den Platz räumen, wir wohnen jetzt hier und die müssen woanders hingehen. Wer ist dabei?"

„Ich!", begeisterte sich einer nach dem anderen, „ich!"

Alle waren damit einverstanden. Die Spinner waren große Jungs mit einer großen Klappe. Aber ich wusste, dass sie weichen und unser erobertes Revier respektieren würden. Der Chef dieser Bande war mein Cousin und ich konnte schon mit ihm reden. Schließlich musste ich mich durchsetzen und war gezwungen, mit denen einen Friedensvertrag zu unterschreiben, sonst hätte ich bald mein Gesicht bei meinen Jungs verloren. Die waren schon böse Kerls, die vor nichts Angst hatten und auch vor nichts zurückschreckten. Vor einiger Zeit hatten die schon eine ganze Schule in Brand gesetzt, und das nur, weil einer von denen sitzen geblieben war, die waren nicht zu unterschätzen.

„Die Spinner werden uns fertig machen!" Segi räusperte sich.

„Wenn du gleich schon aufgeben willst, Segi, dann musst du erst gar nicht anfangen, zu kämpfen. Wenn du dir bereits jetzt schon in die Hose machst, dann kannst du gleich gehen, wir brauchen dich nicht."

„Nein Chef, ich bleibe, ich mache mit."

Ich fertigte einen Stock aus einem Stück Holz, das da auf der Straße lag, markierte einen Strich auf den Boden und begann mit dem Ritual.

„Wer dabei sein will, muss über diese Linie springen."

Es war wie eine Zeremonie.

Es hatte nicht lange gedauert und alle waren schon über die Linie gesprungen.

„O.K.! Jetzt sind wir alle auf einer Seite, und das ist meine Seite – ihr seid alle auf meiner Seite, wer nicht pariert, der marschiert. Ist das klar? Ich bin der Chef und für euch bin ich der Meister." Ich war mir meiner Verantwortung vollkommen bewusst.

„Ja Chef, wir machen mit!", schrien alle auf einmal.

Die Zeremonie kannte ich aus einem alten Film, den ich bei meiner Oma gesehen hatte. Wir führten die Zeremonie fort. Ich spuckte auf eine Stelle und befahl dann mit erhobener Stimme:

„Also alle müssen da draufpinkeln, wer nicht pinkeln kann, der ist ein Feigling und eine Schande für die Samurai."

Und so kamen alle Jungs zusammen und wir pinkelten gemeinsam auf die Stelle des Baums, auf die ich zuvor gespuckt hatte.

„Also, jetzt sind wir eine Familie, einer schützt den anderen, wir sind die Samurai Kids von Mineraçao, keiner kann uns besiegen. Ist das klar? Wir beschützen uns selbst und auch alle anderen Freunde von uns. Wenn einer als Verräter untertaucht, wird er bestraft, dem schneiden wir die Zunge ab. Was wir heute hier abgemacht und gesagt haben, das interessiert keinen anderen Menschen, wir sind die Samurais. Es lebe die Bande der Samurais. Erstes Gebot, wegrennen, anstatt zu kämpfen, aber wenn es sein muss, wirklich zurückschlagen, wartet nicht, bis der Gegner euch trifft. Genau so. Und wenn er auf dem Boden liegt, dann lasst ihn in Ruhe. Wir sind keine Killer."

Am Schluss setzte ich mit voller Kraft einen Faustschlag gegen die Brust unseres kleinen Japaners, der jäh aufschrie und sofort auf dem Boden lag.

„So muss es sein. Nicht zu viel überlegen, sonst seid ihr tot. Steh auf, Nissan, es ist nichts passiert."

Aber Nissan konnte nicht aufstehen, ich hatte ihm wirklich draufgehauen und so getroffen, dass er sogar seine Stimme verloren hatte.

Wir haben ihm geholfen, nach Hause zu kommen, ich dachte nicht daran, dass so was Ärger geben würde. Dieser Drecksack.

„Tut mir leid, Nissan, das ist so, du warst nicht schnell genug. Du könntest auf dem Friedhof sein. So ist die Regel unter uns. Schnell reagieren, danach ist es zu spät. Wenn ihr erst einmal auf dem Boden liegt, dann habt ihr keine Chance mehr – die anderen müssen dann nur noch draufhauen und drauftreten. Jetzt ab, nach Hause mit euch! Schluss für heute, Jungs! Wer seine Hausaufgabe für morgen nicht macht, der bekommt auch eine aufs Dach von mir. Ab jetzt wird trainiert und gelernt. Ich möchte keinen faulen Sack unter uns haben. Wir müssen auch die Lehrer auf unsere Seite bekommen, dann sind wir wirklich die Kings in der Schule."

„Chef, was hast du gesagt? Lernen? Aber wir sind Banditen, lernen ist was Bescheuertes. Lernen ist was für die Mädchen."

„Ja, wir sind Banditen, aber keine Piraten und auch nicht blöd, willst du später in diese scheiß Fabrik gehen genauso wie dein Vater und mein Vater immer gegangen sind und heute sind alle krank und können nicht mehr arbeiten? Ist es das, was du willst? Oder willst du was besser machen?"

Also, das war unser erster Treff. Ich kam nach Hause und meine Mutter legte sofort wieder los:

„Ich habe gehört, dass du jemanden in der Schule verprügelt hast, sein Vater war hier bei uns gewesen. So was macht man nicht."

Vater verteidigte mich sofort:

„So ist es richtig, mein Sohn. Wer nicht pariert, der marschiert. Was willst du, Maria, der Junge geht in eine Schule und dort sind lauter Verbrecher. Ansonsten sollte er lieber zum Ballettunterricht gehen. Mach weiter so, mein Junge. Oder wäre es dir vielleicht lieber, Maria, dass dein Sohn mit blauen Augen oder eines Tages gar nicht mehr nach Hause zurückkommt? Sollten die anderen ihn verprügeln? Lass den Jungen in Ruhe, jetzt lassen die ihn in der Schule bestimmt auch in Ruhe, diese Banditen, das kannst du mir glauben. Mit unserem Sohn ist nicht zu spielen. Er sollte jetzt erst einmal in Ruhe essen. Brav, mein Junge, du hast gezeigt, wie der Hase läuft, ich bin stolz auf dich. Wenn der Vater des Jungen, dieser Säufer, noch einmal hierher kommt, dann verpasse ich ihm eine auf die Fresse", meinte er voller Stolz.

Na, mein Vater war wirklich super, ich habe meinen Vater sehr lieb gehabt, er war immer auf meiner Seite, aber meine Mutter war ganz anders und führte empört fort:

„Ich habe gehört, du hast eine Verbrecherbande gegründet, der Herr Yakamoto ist auch hier gewesen, du hast seinen Sohn auch ordentlich in den Bauch geschlagen. Was ist los mit dir, du gehst jeden Sonntag in die Kirche und auf der Straße haust du die anderen Kinder wie ein Wilder. Du solltest damit aufhören!", schimpfte sie wütend.

„Maria, lass den Jungen in Ruhe, dieser Japaner geht mir sowieso auf den Wecker. Richtig, mein Junge, hier in unserer verdammten Gegend lautet unser Gesetz 'entweder wir bekommen eine auf die Nase oder wir schlagen vorher, um uns zu schützen'. Die müssen lernen, uns zu respektieren, diese Asiaten vermehren sich hier bei uns sowieso wie die Läuse. Sind wir hier etwa in China Town?"

Mein Vater war echt cool, er war im Krieg gewesen, 11000 Soldaten aus Brasilien sind nach Europa gekommen, um gegen die Nazis zu kämpfen. Mein Vater betonte immer, dass das ein Blödsinn war, Tausende von jungen Menschen mussten dabei ihr Leben lassen. Er sagte auch, dass die Amerikaner in diesem schrecklichen Zweiten Weltkrieg nur großes Geschäft mit uns Brasilianern machen wollten, wir hätten dadurch unser Land völlig verschuldet. War ein reines schmutziges Geschäft, nach Europa zu gehen, um Krieg zu machen gegen die Nazis, wir hatten gar nichts damit zu tun gehabt – was haben schließlich Brasilianer in Europa zu suchen, um Krieg gegen die Deutschen zu führen? Nach einem Jahr in Italien ist mein Vater heil nach Hause zurückgekehrt, aber viele seiner Freunde sind nicht mehr zurückgekommen, die sind dort geblieben und bekommen für immer und ewig Spaghetti auf dem Friedhof.

Nun war der Tag vorbei und am nächsten Morgen schlenderten wir wieder in die Schule – die Samurais haben vor der Schule auf mich gewartet. Sie waren laut und erzählten Blödsinn. Die haben sich darüber ausgelassen, wie ich den Japaner auf den Bauch geschlagen und die anderen Jungs fertig gemacht habe.

„Du Samurai San, hast du deinen Eltern erzählt, was wir gestern gesprochen haben?", wollte ich von dem kleinen Japaner wissen, der sofort in die Hose gemacht hatte.

„Nein, auf keinen Fall."

„Und wie kam dein Vater dazu, zu mir nach Hause zu kommen, um mit meiner Ma zu sprechen?"

„Ich weiß nicht, die haben alles mitbekommen, weil ich Bauchschmerzen gehabt hatte."

„Also, du hast dir in die Hose gemacht und du hast alles erzählt, nicht wahr?"

Bevor er etwas sagen konnte, hatte ich ihn voll auf die Knie getroffen und er stöhnte und schrie vor Schmerzen. Dann verpasste ich ihm eine kräftige Ohrfeige, dass er für drei Tage nichts mehr hören konnte und ich brüllte wütend:

„Und das wirst du deinen Eltern nicht petzen, sonst bekommst du noch ein paar drauf, ist das klar? Ich frittiere dich sonst auf dem Grill, hast du mich verstanden?"

„Ja Chef, das ist in Ordnung. Aber ich habe meinen Eltern nichts erzählt."

„Doch, du hast deinen Eltern alles erzählt, machst du so was noch einmal, dann bist du raus aus der Nummer – raus aus unserer Gruppe und auch raus aus der Schule, wir werden dich hier nicht tolerieren, wer nicht zu unserer Gruppe gehört, der ist tot!", drohte ich ihm.

Ich sprach fast wie der Alcapone, ich war der absolute Chef und das hatte ich auch genossen.

„Jetzt Jungs, ab ins Klassenzimmer, seid beim Lernen still, wir müssen mit gutem Beispiel vorangehen!"

Unsere Samurai Bande ist sehr berühmt geworden, streiten und kämpfen mussten wir gar nicht, da alle uns respektiert hatten.

Toninho, der Junge, den ich am ersten Tag in der Schule richtig verprügelt hatte, ist ein sehr guter Freund von mir geworden. Erst später landete er im Gefängnis und starb sehr früh. Nach sehr vielen Jahren – viel später, wir waren schon lange erwachsen – hatten wir uns wieder getroffen.

Eines Tages, als wir schon groß waren und ich schon Musik in Sao Paulo studiert hatte, traf ich ihn in der Subúrbio, das war ein Zug, der immer von Mogi das Cruzes nach Sao Paulo gefahren ist. Ich bin oft nachts nach Hause gekommen und eines Tages saß Toninho im gleichen Zug wie ich, er hatte mich kaum wiedererkannt. Ich freute mich sehr, ihn nach so vielen Jahren wiederzusehen.

„Hallo, Toninho, wie geht's dir, mein guter Freund? Kommst du jetzt von der Arbeit?"

„Nein, ich komme jetzt vom Knast, ich sitze dort schon seit zwei Jahren und bin jetzt auf Bewährung, in ein paar Tagen kann ich zu Hause sein, um wieder nach den hübschen Mädchen zu schauen, dann muss ich zurück in diese Hölle, da kann man verrückt werden, Mann. Dort ist wirklich die Hölle. Ich sage dir, mein Freund, du hast alles richtig gemacht und ich habe nur mein Leben versaut. Im Knast geht die Post ab. Jeden Tag Schlägerei mit Toten. Zum Glück habe ich dort Freunde getroffen, ein paar aus unserer Klasse von damals sitzen auch irgendwo im Knast. Bleib sauber, mein Freund, das Leben da drin ist die reine Hölle, sage ich dir. Und wo sind die Samurais?"

„Keine Ahnung. Schon lange her. Toninho, ich möchte mich jetzt und für immer in aller Form bei dir entschuldigen."

„Warum?" Fragend schaute er mich an. „Hast du meine Frau geküsst?"

„Nein! Wegen damals – du weißt, damals in der Schule. Ich habe dich richtig getroffen. Tut mir sehr leid, Toninho, wir haben nie die

Möglichkeit genutzt, darüber zu sprechen", erwiderte ich reuevoll.
„Oh Mann, vergiss das, es sind zwischenzeitlich schon so viele Jahre
verstrichen, hast du das immer noch nicht vergessen? Mann, du hast
was drauf gehabt. So viel Kraft von einem Miststück, wie du warst.
Ja, du hattest meinen Ruf ruiniert. Und was machst du jetzt? Ich
habe gehört, du bist Musiker geworden."
„Ja, das wollte ich immer machen, ich bereite mich gerade darauf
vor, nach Nordamerika oder Europa zu gehen, ich möchte dort
Musik studieren."
„Ein richtiger Samurai! Mann, Respekt!"
Wir amüsierten uns und erzählten uns alles, was wir im Leben bis
dahin gemacht hatten.
Dann meinte Toninho respektvoll:
„Was du damals gemacht hast, hat mir gut getan, ich hatte nichts
mehr in den Griff bekommen. Wir waren kleine, aber doch schon
richtige Gangster geworden. Ich war stets der Boss, bis du plötzlich
auftauchtest, du hattest nicht zuviel in den Muskeln, dafür aber
umso mehr in der Birne. Ja, bis du gekommen warst, war ich der
große Boss, ich hatte sehr viel Mist gebaut, Mann, schon im Alter
von sieben Jahren. Damals war ich immer derjenige, der alle anderen verprügelt hatte. Bei dir hatte ich später viel gelernt und war
dann ein bisschen ruhiger geworden."
„Gott sei mit dir, Toninho, Gott sei mit dir, mein Freund."
„Ja, ich habe mit sieben Jahren schon viel Mist gebaut, mit 12 war
ich zum ersten Mal im Knast, und du fliegst jetzt nach Europa und
ich bin hier in Aufbewahrung – wie ein böses Tier, das immer auf
der Lauer sein muss."
Unser Gespräch schockierte mich etwas, Toninho war für mich immer der große und starke Junge von der Schule gewesen, die anderen haben ganz schön Respekt vor ihm gehabt.
Toninho erhob sich langsam, schaute mich bittend an und wartete
darauf, dass ich ihm zum Abschied noch was Nettes sagen würde.
Es schien ein Abschied für immer zu sein. Er tat mir leid. Wehmütig

dachte ich an unsere Freundschaft während der Schulzeit zurück –
später, als wir erwachsen wurden, irgendwann, verloren wir uns aus
den Augen.

Ich verweilte ein paar Sekunden und flüsterte:

„Alles Gute, Toninho, der Engel der Hoffnung und der Vergebung
sei mit dir, ja, Gott sei mit dir mein lieber Bruder."

Erleichtert schaute Toninho mich an, überlegte, was er noch sagen
sollte, ging zur Tür, kam dann aber zögernd wieder zurück und gab
mir etwas.

„Hier, ich habe was für dich, du Musiker. Ich hatte das im Knast
bekommen und wusste nichts damit anzufangen. Seitdem schleppe
ich es mit mir herum. Ich glaube, du kannst es besser gebrauchen
als ich. Pass gut auf dich auf, mein Freund. Bis dann."

Er gab mir eine Umarmung und ging fort.

Mir wurde bewusst, dass ich nichts mehr für meinen Freund tun
konnte. Tränen stiegen in meine Augen.

Ich dachte mir:

„Toninho ist ein starker Junge gewesen, aber ein schwacher Mann
geworden."

Ich nahm das Buch in die Hand und bevor ich etwas sagen konnte, war Toninho schon fort, noch jung und doch schon so alt. Alko-
hol, Zigaretten und Frauen hatten sein Leben ruiniert.

Es sollte unsere letzte Begegnung gewesen sein. Das Buch war eine
Bibel mit goldener Schrift, und er meinte, damit nichts anfangen zu
können? Ich habe das Heilige Buch aufgemacht und schlug die Seite
auf, in der ein vergilbter Zettel drin lag. Ich konnte folgendes
lesen:

„Ich suche dich von ganzem Herzen.
Lass mich nicht abirren von deinen Geboten"
Psalmen 119 (Alef)

Drei Tage später konnte ich in der Zeitung lesen, dass Toninho wieder in eine Schlägerei verwickelt war. Er wurde kaltblütig mit 10 Messerstichen ermordet. Ja, Gott hatte ihn für immer zu sich genommen, bevor er im Gefängnis wieder in die Hölle gehen musste. Es war vielleicht besser so.

Heute nach so vielen Jahren habe ich immer noch Toninhos Geschenk bei mir – ich trage seine Bibel immer bei mir und das tut mir gut. Toninho konnte mit seinem Geschenk, welches er im Knast bekommen hatte, gar nichts anfangen. Gottes Worte konnten ihn zu jener Zeit nicht erreichen. Schade darum. Ich habe Toninho auch nicht helfen können. Es war alles schon zu spät, ich war der King von den Samurai und Toninho war ein Opfer der Gesellschaft.
Aber die größte Prügelei hat er gegen sich selbst angefangen und dabei nicht gewinnen können. Mir fiel der Zettel ein, der in der Bibel lag. Hatte Toninho ihn doch bewusst an diese Stelle gelegt?

Der Engel der Vergebung und des Friedens sei mit ihm und mit uns allen.

Ein kleiner Junge –
geboren in einer Welt der Gewalt.
Durch Gewalt gewann er Respekt,
Respekt, der so wichtig war für sein Selbstbewusstsein.
Er gab sein Bestes,
um respektiert zu werden.

Bis ein neuer Weggefährte in sein Leben kam.
Ein Weggefährte, der ihm einen anderen Weg zeigte.
Mit etwas weniger Gewalt,
etwas mehr Toleranz,
etwas mehr Klarheit in dem,
was er für sich und für andere erreichen wollte.

Für Toninho eine neue Erfahrung,
der er sich nach anfänglichem Sträuben fügte,
und dem dann seine ganze Bewunderung galt.
Eine Bewunderung, die sicherlich sein Herz berührte,
den Docht zum Entzünden brachte,
doch die Flamme flackerte nur im Beisein seines Weggefährten.

Toninho konnte seine Einstellung für eine andere Ausrichtung
seines Lebens außer Gewalt nicht beeinflussen.
Sein Wunsch war sicherlich groß,
etwas erreichen zu wollen.
Die Ablenkungen der Welt
vernebelten seine Sinne und nahmen ihm die Sicht.

Der alte Weg der Gewalt war zu vertraut,
begleitete ihn sein Leben lang bis zum Tod.
Doch die kleine Flamme der Verbundenheit
war ebenfalls in ihm – und nur das ist wichtig –
auch wenn sie in diesem Leben
nicht für alle sichtbar zum ERSTRAHLEN kam.

Jede Mutter und jeder Vater
Sieht seine Kinder mit den Augen
Der Bewunderung.
Man hört oft voller Stolz:
Siehst du,
Das ist mein Sohn oder das ist meine Tochter.
Ich habe mein Kind so gut erzogen.
Bei Erfolg
Ist das Papas Kind,
Bei Misserfolg
Beschuldigt dann der Vater empört seine Frau:
Das ist dein Sohn...!
Siehst du, was du gemacht hast?
Klar, wir wünschen uns
Das Beste für unsere Kinder.

Nun kommt es oft vor,
Dass unser Stolz zu groß ist –
Unsere Kinder sollten nicht
Schöne Visitenkarten
Unserer Beziehung sein.
Sie haben ihren eigenen Kopf und Willen.
Lernen wir das zu respektieren,
Dann werden unsere Kinder
Immer unser Stolz sein,
Egal ob mit einer 1 in Mathe
Oder mit einer 6 in Physik.

Unsere Kinder sollten nie ein Ausgleich sein
für einen Mangel, den ich in mir fühle.
Und doch füllen gerade unsere Kinder den Platz,
den wir für uns selbst erträumt hatten,
der uns jedoch versagt geblieben ist,
aus welchen Gründen auch immer.
Lassen wir unsere Kinder ihre eigenen Wesen sein,
lassen wir sie frei von unseren Vorstellungen,
bevor sie sich die Freiheit selbst nehmen müssen.

Die Welt des Glücks ist schon da –
Wir sollten sie mit unseren Kindern teilen.
Unsere Kinder sind unsere Geschöpfe
Und fast unser Bildnis.

Aber sie sollten nicht unsere Kopie sein
Und auch nicht unsere Nachfolger werden,
Die alles unbedingt besser machen müssen.

Sie sollten nicht bestraft werden
Für all das, wo wir versagt haben.

Wir sollten miteinander zusammenleben.
Die Welt des Glücks ist schon da,
Wir sollten sie mit unseren Kindern teilen.

Wenn mein Wille groß genug ist,
kann ich die glückliche Welt entstehen lassen,
die ich mir wünsche.
Das Wichtigste dabei ist,
dass ich bei mir beginne.
Ich möchte in jeder Begegnung –
und gerade auch mit meinen Kindern,
das Miteinander erleben,
das ich mir für die Welt erträume.

Wer nicht vergeben kann,
Der verbittert sein Leben
Und kocht jeden Tag mit zuviel Salz.

Lass dir dein Leben schmecken.
Nimm das Gewürz des Himmels.
Vergib dir selbst
Und mach aus deinem Leben
Die heilige Mahlzeit des Tages.

Nimm teil an Jesu Tisch,
Befrei dich von allem Kummer und Hass,
Die in deinem Herzen unbedingt
Platz nehmen wollen.
Nur die Vergebung kann dich befreien,
Nur Vergebung kann Platz
In deinem Leben schaffen.

Nimm teil an Jesu Tisch,
Befrei dich von allem Kummer und Hass,
Die in deinem Herzen unbedingt
Platz nehmen wollen,
Lass dir dein Leben schmecken.

Der HIMMEL ist eine Entscheidung
in meinem Geist.
Der HIMMEL ist immer HIER –
es gibt keinen anderen Ort,
der HIMMEL ist immer JETZT –
es gibt keine andere Zeit.
Die Vergebung ist die wichtigste Aufgabe,
die es für mich in der Zeit zu tun gibt.
Die Vergebung darüber,
scheinbar eine andere Entscheidung
getroffen zu haben.
Die Vergebung ist das einzige,
um das die Erlösung bittet,
und wofür sie freudig Frieden schenkt.

(Gedanken aus „Ein Kurs in Wundern")

Die Entscheidung für ein gesundes Leben
Fängt nicht im Mund an,
Sondern in unserer Seele.
Zuerst erkrankt die Seele,
Dann erkrankt der Körper.

Positive Gedanken und Rücksicht,
Ebenso Toleranz
In einer Welt, in der Milliarden Menschen leben,
Könnte der Anfang für ein gesundes Leben sein.

Wenn wir unsere Flüsse vergiften
Und mit unserer Umwelt
So umgehen,
Als wenn unsere Generation
Die letzte auf diesem Planeten wäre,
Dann würden es unsere Kinder
Und Enkelkinder sehr schwer haben.

Lebt so, dass die nächsten 7 Generationen
Auch auf unserer Welt gut und in Frieden
Leben können –
So was haben schon die Indianer aus Nordamerika
Vor Hunderten von Jahren gesagt.

Schafft positive Gedanken,
Schafft eine Welt voll blauem Himmel,
Auch wenn es regnet
Scheint die Sonne immer und immer,
Egal wo...
In unserem Universum wird sie
Immer da sein.
Für mich, für dich, für uns alle.
Mach aus deinem Leben einen Regenbogen.

Die Welt und alle Menschen,
die mir begegnen,
nehme ich achtsam wahr.
Ich bin mir bewusst,
dass ich alles was ich gebe,
immer mir selbst gebe.
All meine Gedanken gebe ich
in SEINE Obhut,
auf dass ein
Regenbogen bunter Gedanken
die Welt erleuchtet
im Spiel des Wassertanzes.
Der Sonne STRAHLEN
durchdringt mein GEWAHRSEIN
der Verbundenheit
zu allen Wesen dieser Welt.
Zur LIEBE FÜLLE in allen Zeiten.

Auch wenn die Welt im Dunkeln steht,
lass mich ein bunter Gedanke sein.

Wo Körper und Seele sich treffen,
Um miteinander zu leben,
Da ist Frieden auch anwesend.
In Frieden mit unserem Geist
Und mit unserer Welt
Ist es wunderschön zu wissen,
Dass ich in meinem Körper lebe –
Voller Hoffnung
Und voller Erwartung
Wie ein Kind, das von der Schule kommt
Und weiß, dass Mama ein schönes Essen
Mit Liebe gekocht hat.

Wie der Morgengrauen
Auch seine Schönheit zeigt,
So sollen alle Tage auch sein!

Es ist schön zu wissen,
Dass ich in meinem Körper lebe
Und in Frieden mit mir selbst
Und in Frieden mit meinem Geist
Und vor allem in Frieden
Mit allen meinen Mitmenschen.
Ich bin mir meines Lebens auf dieser Welt
Vollkommen bewusst.

Ich fühle mein WAHRES SELBST,
die LIEBE, die in mir ist,
in diesem begrenzten Körper.
Und doch ist diese LIEBE grenzenlos.
Sie umhüllt und umfasst alles,
was mir begegnet:
raumlos – zeitlos – endlos

Was für eine wunderschöne Welt
Haben wir von Gott geschenkt bekommen,
In der wir für eine kurze Zeit
Verweilen dürfen.
Von oben gesehen ist alles blau –
So blau wie unsere Seele sein sollte.
Wir kreisen in unserem Universum
Wie Kinder in einem Karussell.
Von oben gesehen ist alles blau –
So blau wie unsere Seele sein sollte.

...blau symbolisiert die Farbe der Vergebung,
der Kommunikation, des Ausdrucks, des Selbstausdrucks,
des Mutes und des Willens und der Inspiration...

VATER, inspiriere mich und unterstütze mich dabei,
einen Platz hier auf der Erde zu wählen,
der mich die Welt als einen
liebevollen Ort erfahren lässt,
einen Platz, an dem ich unser aller
EINSSEIN
fühlen und zum Ausdruck bringen darf.

„Ich möchte nicht ewig leben,
Ich möchte nur gesund sterben",
So was sagte mir ein Vegetarier.

Der hat vollkommen Recht:
Warum 100 Jahre lang leben,
Wenn wir die letzten 30 Jahre
Nur zum Arzt und ins Krankenhaus
Immer wieder gehen müssen,
Und vielleicht den ganzen Tag
Vor Schmerzen
Und Unwohlsein klagen müssen,
Und durch die Gegend in einem Rollstuhl
Uns schieben lassen,
Weil die Beine nicht mehr wollen,
Dann lieber mit den Engeln im Himmel
Schon früher
Ein schönes Lied zusammen singen.

Nun ist die Frage,
Wie erreichen wir ein gesundes Leben?
Müssen wir Vegetarier sein?
Bestimmt, die essen Gesundes,
Macht schon sehr viel aus.
Nun, wenn Körper, Geist und Seele
Auf eine gesunde Weise zusammenarbeiten,
Dann haben wir schon den ersten Schritt getan,
Ein gesundes Leben zu erreichen.
Lassen wir uns miteinander in Frieden leben –
Keiner darf dem anderen im Weg stehen.

Wie ist es mir am besten möglich,
Körper, Geist und Seele in Einklang mit mir zu bringen?

Indem ich meinem HEILIGEN GEIST die Führung überlasse,
indem ich IHN darum bitte,
mir die Impulse zu geben,
die es braucht,
um im Einklang mit mir selbst,
und mit allem, was ist, zu SEIN.

Jeden Tag könnten wir uns heilen!
Heute könnte auch
Ein Tag der Heilung sein.
Jesus selbst sprach:
„Ich heile niemanden,
Du heilst dich selbst."
Ich bin wie ein großer Fluss,
Der durch das Tal des Lebens
Voller Hoffnung fließt.
Der Himmel ist mein Bett,
Die Sonne mein Begleiter,
Ich schwimme in mir selbst.

Ich bin mir meiner Verantwortung bewusst,
wenn ich mich selbst heile,
bin ich nicht allein geheilt.
Mein großer Fluss
erreicht all jene,
die bereit sind, hineinzuspringen,
und die Reise
ins Meer des Glücks
mit mir gemeinsam anzutreten.

Positives Denken ist der Anfang.
Um ein positives Ergebnis
Erreichen zu können,
Darf man nicht naiv sein
Und Erfolg ohne Mühe
Und ohne Arbeit und Fleiß
Einfach erwarten wollen.
Von nichts kommt nichts,
Wir sollten für das Leben bereit sein,
Egal was kommt, wir sind da!
Mit positiven Gedanken
Und voller Vertrauen in unseren Geistführer,
So sollte es sein.

In meinen Adern pulsiert das Universum,
In meinem Herzen pulsiert
Ein Leben, das ich erwartet habe.
Ich bin das Leben,
Ich bin mein Karma,
Ich trage die Verantwortung
Für alle meine Fehler
Und für meine Erfolge.
Positives Denken bringt uns weiter.
Klagen und Jammern
Sind die Handbremsen des Lebens.
Mein lieber Freund,
Befrei dich doch davon!

Was heißt es für mich, bereit zu sein
und positiv zu denken?
Könnte es sein, dass es nur ein klares und eindeutiges
„JA" erfordert?
JA – ich bin bereit, all meine Begrenzungen loszulassen!
JA – ich bin bereit, all meine Herausforderungen anzunehmen!
JA – ich bin bereit, die Verantwortung für mein Leben zu
übernehmen!
JA – ich bin bereit zu wählen, und mich dafür zu entscheiden,
was mir gut tut.
JA – ich bin bereit, mich für die LIEBE zu entscheiden,
die beständig in mir pulsiert
und sehnsuchtsvoll mein „JA" erhofft,
damit SIE endlich durch mich zum Ausdruck kommen darf
und alle Menschen, Tiere und Wesen erreicht,
die mir heute begegnen,
sei es körperlich
oder im Geist.
JA – ich bin bereit!

Sobald ich jemanden hasse,
Begrenze ich meine Möglichkeit,
Mich selbst zu lieben und mir zu verzeihen.
Hass nimmt zu viel Platz in unseren Herzen –
Liebe dagegen
Schafft Raum und Entspannung.
Hass ist wie dunkle Wolken
In unserem Himmel.

Schaff blaues Licht in deinem Universum.
Du bist ein Geschöpf Gottes
Und nicht ein Werkzeug des Teufels.
Ein Gefühl wie Hass
Bringt oft Feindschaft
Und Krankheit mit sich.

Liebe deinen Nächsten wie dich selbst –
So sagte schon der Meister aus Nazareth.
Vergiss nicht, es ist noch Zeit –
Es ist noch nicht zu spät
Und wir wollen jetzt und sofort
Anfangen, unser Leben zu ändern.
Vergiss niemals:
Hass ist wie dunkle Wolken
In unserem Himmel!

Wie ist es mir wieder möglich,
Platz in meinem Herzen zu schaffen,
wenn sich das Gefühl des Hasses schon eingenistet hat?

Es darf mir klar sein,
es ist eine Entscheidung in meinem Geist.
Wenn es mein Herzenswunsch ist,
Frieden zu erfahren, Frieden zu fühlen,
dann werden alle Begegnungen und Situationen
darauf ausgerichtet sein,
meinem Herzenswunsch zu entsprechen.
Ich werde die Hilfe erfahren,
die ich brauche,
um dem Frieden in mir wieder Raum zu schaffen.

Meinen richtigen Weg im Leben
Werde ich schon in Zusammenarbeit
Mit meinem Geistführer
Leichter finden als alleine.
Mein Geistführer
Zeigt mir geduldig den richtigen Weg.
Gott führt mich heil über die Berge
Und Jesus gibt mir einen Hinweis,
Wo ich ankommen möchte.

Wir sind ein starkes Team –
Wir geben nicht auf,
Wir vertrauen einander.
Auf Grund dessen
Habe ich den ersten Schritt getan,
Um erfolgreich und glücklich zu sein.

Ich weiß, alleine ist es wesentlich schwieriger.
Deswegen werde ich meinen richtigen Weg
In Zusammenarbeit
Mit Gott, Jesus und mit meinem Geistführer
Immer wieder finden können,
Es ist schön, nicht alleine zu sein.

Was für ein himmlisches Geschenk!
Ich will es gerne annehmen
und dabei erkennen,
„Ich bin nie allein."
Mein Geistführer, die Liebe, der Engel, Jesus, Christus, Buddha,
der HEILIGE GEIST
– wie auch immer ich es begreife –
ist beständig bei mir
und wartet nur darauf,
in mir und durch mich wirken zu dürfen,
wo auch immer ich bin.
Ich bin bereit und dankbar für
dieses himmlische Geschenk!
Ich will es gerne annehmen.

Wer eine falsche Entscheidung
Im Leben trifft,
Der hat was zu büßen.
Alles hat seine Zeit.
Wir werden alt
Und sollten auch klüger werden.
Die Augen im Alter
werden nicht besser,
Dafür unser siebter Sinn schärfer.
Wer nur durch die Augen sehen will,
Der wird nicht alles sehen können,
Sondern nur die Schatten des Geschehens –
Schatten, die uns nur verwirren
Und nichts zeigen.
Mit dem Herzen sieht man besser.

...ob eine Entscheidung richtig oder falsch ist,
erkenne ich daran,
womit ich meine Entscheidung zu treffen wähle.
Treffe ich meine Entscheidungen mit dem Ego-Geist,
der meine Besonderheit hervorhebt,
oder mit dem HEILIGEN GEIST in mir,
auf der Grundlage der bedingungslosen Liebe,
zu allem was ist und in vollkommenem Vertrauen,
was daraus entstehen darf?

Der Bankräuber aus Trier

Mehr als 30 Jahre war ich als Straßenmusikant in Europa unterwegs. In all diesen Jahren habe ich so manches erlebt. Ich habe im Laufe der Zeit beispielsweise mitbekommen, wie Menschen verprügelt wurden, wie so manch einer zur Flasche gegriffen hat und es mit einigen auch steil bergab gegangen ist. Ja, die Jahre gingen dahin und fast alle, die ich kannte, haben sich scheiden lassen. Dasselbe ist auch mir passiert, in meinem Fall nicht wegen meiner Musik, sondern wegen zunehmendem Geschäftsstress, der in unser Leben eingetreten war. Vielleicht hätte, wenn ich bei der Straßenmusik geblieben wäre, meine Ehe länger angehalten, oder wir hätten unter anderen Umständen vielleicht einmal sogar gemeinsam goldene Hochzeit feiern können. Doch das sind alles Spekulationen – es kam wohl, wie es kommen sollte und die Zeit wird nie wieder zurückkehren. Wer weiß? Wenn ein Mann sich nicht so oft zu Hause aufhält, kann es manchmal vielleicht sogar besser für eine Ehefrau sein, dann ist nicht immer jemand da, der ihr vielleicht ständig sagt, was sie zu tun oder zu lassen hat.

Jedenfalls kann Straßenmusik auch mit sehr viel Stress verbunden sein. In Deutschland gibt es zunehmend Ärger in den Fußgängerzonen, mal mit der Stadtverwaltung, mal mit der Polizei, mal mit Bettlern, die von überall herkommen und die Gelegenheit nutzen, was nebenbei verdienen zu können. Bei Geschäftsleuten kommt es sogar immer wieder vor, dass sie das Ordnungsamt anrufen trotz Einhalten gesetzlicher Vorgaben. Nicht selten gibt es Ärger mit anderen Straßenmusikanten, die bestimmte Plätze in der Stadt für sich beanspruchen und nicht dulden können, dass jemand Fremdes die Stadt aufsucht und womöglich dazu noch Erfolg hat oder gar berühmt ist. Sobald einer kommt und viel Publikum um sich herum schart, wird er unter den Straßenmusikanten sofort unbeliebt. In dem Fall ist es dann sogar besser, weiterzuziehen, um sich keinen

Ärger einzuhandeln. Ich habe all das miterlebt, zum Beispiel auch die „Kelly Family". Der Vater war mit den kleinen Kindern sehr oft in Frankfurt und hat die Kinder stundenlang spielen lassen, wohl wissend, dass das Geschäft mit den Kindern irgendwann gut gehen und er dabei einiges an Geld kassieren könne. Er war schon damals sehr diszipliniert, die Kinder taten schon nach seinem Willen. Sie wurden groß und irgendwann war ein riesiger Erfolg da, jetzt hört man wieder sehr wenig von ihnen. Ja, so habe ich viele Straßenkünstler erlebt. Ich komme immer noch auf die Straße – zu einem guten Zweck – und spiele meine Musik, meine Konzerte unter freiem Himmel, und es sind zwischenzeitlich schon fast 40 Jahre vergangen. Von all den anderen treffe ich heute kaum noch jemanden, der unterwegs ist, einmal weil es sich nicht mehr lohnt, mal weil es zu viel Ärger mit den Behörden gibt. In den siebziger, achtziger und neunziger Jahren waren Straßenmusiker bei der Bevölkerung als Künstler sehr angesehen und auch sehr beliebt, als Künstler, nicht als Bettler. Seit der Invasion von Musikern aus osteuropäischen Ländern ist die Kunst auf der Straße für viele zur Bettelei geworden und viele Musiker werden nicht mehr so gut honoriert wie früher. Erst vor kurzer Zeit habe ich Nils aus England wieder getroffen, der ist auch schon lange Zeit unterwegs. Die Haare sind grau geworden und seine Art hat sich nicht geändert. Immer noch sieht er das Leben mit einer gewissen Bitterkeit. Mehr denn je schimpft er über seine damalige Frau, von der er bereits seit über zehn Jahren geschieden ist und klagt, dass die Kinder nur sein Geld haben wollen.

So tingelt Nils schon seit über dreißig Jahren durch die Fußgängerzonen Deutschlands. Er hat immer gezeigt, dass er mit allem und mit allen unzufrieden ist. Ich war auf dem Weg zu einem Konzert in einer großen Kirche – es war wirklich eine Freude, Nils nach so vielen Jahren wiederzusehen – da stand er genau vor der Kirche, in der ich das Konzert geben wollte. Er spielte mit seiner Gitarre, wie immer, als wenn die Zeit stehengeblieben wäre und er keine anderen

Lieder dazugelernt hätte. Und so spielte er stundenlang mit seiner Gitarre vor der Kirche Volkslieder und kaum jemand hat ihm was gegeben oder was gekauft. Er erzählte uns, dass seine Frau weggegangen ist, also, die alte Geschichte, die ich schon kannte, und wie sich der Kontakt mit seinen Kindern entwickelt hat. Später, als wir in einem schönen Restaurant was gegessen hatten, sah ich dann, wie Nils seine Sachen einpackte und wegging – ein vorgealterter Mann, der schon über sechzig geworden ist und mit dem Leben immer noch sehr verbittert war. Er hat mir leid getan, er scheint wohl nicht vergeben zu können.

In all diesen über dreißig Jahren habe ich nie vergessen, dass jede Minute für mich wichtig gewesen war, ich wusste, dass Straßenmusik eine Möglichkeit in meinem Leben bot, mich selbst zu entwickeln.
Jesus ging damals auf die Straße, ebenso auch beispielsweise Osho, Buddha oder Sai Baba. Der direkte Kontakt mit Menschen auf improvisierte Art und Weise kann durchaus sehr nützlich sein, um die Menschen und sich selbst besser kennen zu lernen. Alles, was ich täglich getan habe, war für mich von großer Bedeutung. Stets war ich bemüht, meine Zeit sinnvoll zu gestalten, indem ich viele Bücher las, irgendwo in einem Café komponierte und nicht zu guter Letzt während dieser Zeit auch viele eigene Bilder entstanden sind. Oft bot sich die Gelegenheit, Prominente kennen zu lernen wie beispielsweise Herr Richard von Weizsäcker mit Frau, Herr Möllemann, und andere Künstler wie zum Beispiel Menuhin. Es sind Menschen, die mit Sicherheit teilweise noch meine CDs zu Hause haben, und wer weiß, diese auch ab und zu mal anhören und über den jungen Brasilianer sprechen – die ihn vielleicht in Stuttgart auf der Königstraße gehört haben, oder in Frankfurt auf der Zeil, in Brüssel, Luxemburg, Amsterdam, in Zürich oder in Baden-Baden die Bachtrompete erlebt haben. Und so lässt der Brasilianer seine Bachtrompete jahrelang auch unter freiem Himmel erklingen – zur Freude der Passanten und zum Ärger von Stadtbewohnern oder

Geschäftsleuten – mit der Zeit haben die Bewohner nicht mal mehr einen Mundharmoniker ertragen können.

Ja, auf der Straße habe ich viele Menschen kennen gelernt, interessante Personen, unglückliche, aber auch sehr viele lustige Menschen, die sich freuten und die Arbeit der Künstler zu schätzen wussten.

Einer dieser Personen, die ich im Laufe der Jahre auf der Straße getroffen habe, war ein Mann im Alter von circa 45 Jahren, der 15 Jahre lang im Gefängnis saß. Ich hatte ihn in Mannheim getroffen und er erzählte mir sein ganzes Leben – einfach so mitten auf der Straße – alles aus seinem Leben, und wie er im Gefängnis gelandet war. Er erzählte alles ohne Hemmungen, als wäre ich ein alter Freund von ihm gewesen, ich glaube, er hat mir Dinge berichtet, die er nicht mal seinem Anwalt erzählt hatte.

Solch spontane Kontakte auf der Straße machen die Menschen frei und offen für ein vertrauliches Gespräch. Ein Freund von mir hat immer wieder betont, ich sei der Straßenpsychologe der Nation gewesen. Ja, ich habe in diesen dreißig Jahren schon vieles erlebt, vielen zugehört und dadurch so manches mitbekommen, habe eine Stadt nach der anderen aufgesucht, dabei täglich bis zu zehn Stunden gespielt, auch bei einer Temperatur von Minus zehn Grad. Oftmals habe ich den ganzen Tag in der Fußgängerzone verbracht und bin am Abend irgendwo auf der Autobahn ganz alleine mit einem Buch in der Hand geblieben und es gab dann niemanden, mit dem ich ein schönes Gespräch noch hätte führen können. Und danach, bevor ich mich in meinem Wohnmobil ins Bett legte, folgte immer dasselbe: Zähne putzen in einer stinkenden Toilette, irgendwo in einer Ecke in Deutschland auf der Autobahn, in einem Café, einem Restaurant oder in einer der öffentlichen Toiletten, die oftmals sehr unappetitlich aussahen.

Einmal putzte ich meine Zähne in einem feinen Restaurant und ein Herr war darüber total entsetzt und echauffierte sich:

„Na, können Sie das nicht gefälligst zu Hause machen, Sie sind hier in einem Restaurant und nicht im Schwimmbad", woraufhin ich humorvoll konterte:

„Och, ich bin hier zu Hause, die Welt ist mein Zuhause. Außerdem, wo ich pinkeln kann, werde ich wohl meine Zähne putzen dürfen, nicht wahr?"

Soviel ich weiß, steht nirgendwo geschrieben, dass man seine Zähne in einem Restaurant nicht putzen darf. Oder darf man dort nur seine Fäkalien hinterlassen? Schon paradox, oder?

Der Mann antwortete nicht mehr und holte stattdessen den Geschäftsführer. Nach einem kurzen Gespräch war der Mann beruhigt und ich musste das Lokal verlassen. Ich kam immer mal wieder zu den gleichen Restaurants. Dort habe ich wie früher meinen schönen Salat gegessen und hinterher meine Zähne in der Toilette des Restaurants geputzt, um anschließend in Frieden meine Nacht in meinem Wohnmobil verbringen zu können.

Später dann konnte ich mit meinem schönen Mercedes Wohnmobil mit einer halben Million Kilometer drauf nicht mehr unterwegs sein, weil es schon völlig verrostet war. Ich musste es dann an einen Schrotthändler für 100 Euro verkaufen. Jetzt fährt es fröhlich im Libanon und ist ganz schön von sich eingenommen. Der hat es gut, der Mercedes war schon was wert, nicht wahr? Der wird noch viele Jahre glückliche Menschen durch die Gegend kutschieren dürfen. Wir waren sehr lange Zeit zusammen, er hat immer mein Leben beschützt und manchmal gerettet. Gott sei mit ihm. Gute Fahrt, lieber Freund. Ich vermisse dich!

Nun kommen wir zurück zu dem Mann, den ich in Mannheim kennen gelernt habe und der 15 Jahre seines Lebens im Gefängnis verbrachte. Meine Frage: „Na, haben Sie heute frei?", beantwortete er schmunzelnd:

„Klar, ich habe schon seit 15 Jahren frei! Ich komme eben vom Knast, ja, ich saß dort 15 Jahre lang, jetzt habe ich nur noch zwei

Wochen zu sitzen, dann kann ich dieses scheiß Leben hier draußen wieder weiterführen, Arbeit suchen, Miete zahlen usw... Ich glaube, ich werde Straßenmusikant genau wie Sie, so habe ich dann meine Ruhe, aber wenn die Polizei mich auf der Straße kontrolliert, wird es für mich nicht so gut aussehen wie für Sie, ich bin eben vorbestraft und so jemand ist hier in Deutschland ein Mensch Dritter Klasse, wir können nichts machen und haben schon die Bullen am Hals. Wenn man vorbestraft ist, kann es immer wieder Ärger geben. Aber ich habe heute frei und genieße das Wetter hier in Deutschland, vielleicht ziehe ich nach Spanien, ich hatte früher mal eine Freundin dort."

„Solange? 15 Jahre im Knast ist schon eine Leistung. Was ist geschehen?"

„Bank überfallen. Ja, ich bin ein Bankräuber und Bankräuber sind im Gefängnis schon was Besonderes, man hat sofort viele Freunde da drin. Wenn du rein gehst mit einer Anschuldigung wegen Sexualdelikten, dann kann die Sache böse ausgehen, vor allem, wenn es was mit Kindern zu tun hat. Da kann sich einer in sein eigenes Fleisch schneiden. Aber meine Kumpel in meiner Zelle waren ganz o.k., da kann ich mich nicht beklagen und nun bin ich froh, heute hier zu sein in dieser schönen Stadt, Mannheim ist schon ganz in Ordnung. Ja, ein bestimmter Promi mit adeligem Namen war auch hier im Knast. Mann, mit soviel Geld in den Knast gehen zu müssen – dann schon lieber als Bankräuber wie ich gegangen bin, das sage ich dir. Ich würde dich gerne zu einem Eis oder Kaffee einladen, aber ich habe überhaupt kein Geld, die haben mir was gegeben für meine Zugreise von Limburg hierher, dann bleibt nichts mehr übrig. Aber das Wetter ist toll heute, nicht wahr? Heute Abend werde ich eine Freundin hier besuchen und am Montag muss ich wieder dort sein."

„Bank überfallen? Interessant, die meisten Bankräuber wandern nach Brasilien aus."

„Das hatten wir auch geplant. Meine Freundin und ich, und noch ein Kumpel, wir hatten zusammen diesen Überfall geplant. Ich habe damals meine Freundin kennen gelernt. Sie hatte zu der Zeit kein Geld und ich besaß auch überhaupt nichts. Eines Tages sprach sie dann einfach so zum Spaß zu mir:

„Warum räubern wir nicht eine Bank aus?" Ich überlegte kurz und fragte sie daraufhin:

„Ja, warum eigentlich nicht? Wenn es da bei denen so viel Geld gibt und wir überhaupt keins haben, warum nicht einfach so ein bisschen von denen abholen?"

Der Mann machte eine kurze Pause, schaute in die Menschenmasse, die schnell an ihm vorbeihetzte und äußerte sich wehmütig:

„Diese Menschen, die sollten einmal im Leben für mindestens ein Jahr in den Knast gehen, dann würden die jetzt hier nicht wie die Verrückten so schnell an uns vorbeiflitzen. Heute ist mein erster Tag in der Freiheit, der erste Tag hier unter euch und ich denke, ihr seid alle verrückt. Ich bin mal vorher auf die Toilette gegangen und konnte nicht pinkeln, weil ich kein Kleingeld hatte. In unserer Gesellschaft brauchst du Knete für alles, sogar zum Pinkeln. Und wenn du kein Geld hast, kannst du nicht einmal pinkeln, Mann, wenn du dann in eine Ecke auf der Straße machst, dann wirst du sogar angezeigt und wenn du Pech hast, womöglich noch als Sexualverbrecher. Ja, wenn du Pech hast und eine Frau oder ein Kind dich dabei erwischt, wie du dein Geschäft machst, dann bist du dran, die können dich anzeigen."

Der Mann schüttelte seinen Kopf, machte so eine Bewegung, als habe er überhaupt nichts verstanden und führte fort:

„Glaubst du mir nicht? Ein Kumpel von mir saß bei uns sechs Monate, sechs Monate, weil er dringend pinkeln musste und eine nette Dame ihn angezeigt hatte wegen sexueller Belästigung. Er hat nur gepinkelt, mehr nicht, gepinkelt, weil es dringend war, und die Dame kam in dem Moment vorbei, erschreckte sich und zeigte den Mann sofort an. Sie hat was anderes behauptet und der Richter hat der feinen Dame Recht gegeben – also der Richter war wohlgemerkt ja nicht dabei – und der gute Mann landete dann für sechs Monate wegen sexueller Belästigung im Gefängnis. Er hätte eine Strafe zahlen können, aber hat eben kein Geld gehabt! Wer nicht mal 50 Cent zum Pinkeln hat, hat auch nicht einfach so locker Geld für die Strafe – er landete bei uns hinter dem Vorhang und ist vorbestraft genau wie ich und andere Verbrecher. Findest du das vielleicht in Ordnung? Als Vorbestrafter ist sein Leben dahin. So was kann das Ende für einen Menschen bedeuten. Und das nur deswegen, weil er in der Öffentlichkeit gepinkelt hatte. Und das nennt sich „sexuelle Belästigung", ist doch alles nicht mehr normal, oder? Also, was mache ich, wenn ich kein Geld habe und pinkeln muss? Soll ich in die Hose machen? Soll ich mich verdrücken? In meinem Fall, wenn eine Frau mich dabei erwischte und mich anzeigte, also – ich bin jetzt auf Bewährung und das noch für ein paar Tage. Wenn bei mir so was passierte, dann bekäme ich Knast für noch weitere fünf Jahre. Ist das zu fassen? Das ist zum Kotzen, nicht wahr? Sollte ich 50 Cent zum Pinkeln zahlen, wenn ich nur fünf Euro in der Tasche habe und die zum Essen benötige, nicht nur für heute, sondern auch für morgen? Wenn ich in der Stadt zehnmal aufs Klo gehen müsste, dann wären meine fünf Euro weg und ich könnte nichts mehr essen. Mann, die Leute sind hier völlig verrückt geworden. Auch in Kaufhäusern oder auf Autobahnen sind solche Typen, die da aufpassen und nur so tun, als würden sie putzen, das ist eine richtige Mafia geworden, und wir müssen alle bezahlen für unsere Notdurft. Weißt du, hier unter uns, im Gefängnis ging es mir so richtig gut. Wenn ich eine Erlaubnis bekäme, da drin bleiben zu dürfen und jeden Samstag und Sonntag weggehen könnte, dann würde ich für immer da drin bleiben wollen – ja, hätte ich immer samstags und sonntags Freigang, um ein paar Freunde besuchen zu können, dann würde ich da bleiben. Ich habe dort mein Bett, meine Kollegen, unter denen echte Freunde sind, ich habe unter den Beamten Kameraden getroffen, mit denen ich mich sehr amüsieren kann, und dort zahle ich keinen Cent zum Pinkeln. Essen und Trinken ist auch umsonst, ich benötige keine Versicherung, kein Auto, habe dort kein Parkplatzproblem, keine Sorgen am Arbeitsplatz, keinen Stress mit der Familie.

Mann, aber du machst es auch gut. Du kommst hierher auf die Straße, machst deine Musik, kassierst deine Kohle und wenn du eingepackt hast, musst du niemandem 'Auf Wiedersehen' sagen. Du bist ein freier Mensch, Mann. Heute hier, morgen dort, schöne Mädchen an Bord – schöne Mädchen gibt es überall wie Sand am Meer. Was will man mehr? Schau mal diese Leute an, die dort im Café sitzen und denken, dass sie frei wären. Die sind gar nicht frei. Sobald der Ober die Rechnung bringt, dann fangen sie an zu meckern, dass alles zu teuer sei, dass sie kein Geld hätten und so weiter. Du kannst bemerken, sobald einer aufsteht, rennt er wie verrückt durch die Gegend. Ich habe es vorher ganz genau beobachtet. Es sind alles Neurotiker."

Nun wurde er sehr traurig und erzählte weiter:

„Weißt du? Mein Mädchen – meine Freundin, die den Banküberfall geplant hatte, weil sie früher selbst in einer Bank arbeitete – sie könnte immer noch auf freiem Fuß sein. Leider ist sie schon tot. Ich habe die gesamte Schuld auf mich genommen. Wir waren zu dritt, wir haben drei Banken überfallen, die ersten zwei haben uns fast eine Million Mark gebracht, da wollte ich schon aufhören und meine Freundin ermutigte mich:

'Na, wieso aufhören? Wir haben bis jetzt alles perfekt gemacht, jetzt räubern wir noch die Bank aus, in der ich gearbeitet habe, da kenne ich mich gut aus, ich weiß alles über diese Bank. Ich weiß, wo sich der Tresor befindet und zu welchen Zeiten wir ihn knacken können, sogar die Kombinationsnummer des Tresors kenne ich. Was wollen wir noch mehr'?

'Klar Lisa, du hast Recht', stimmte ich ihr zu, 'nun, wenn wir erwischt werden, dann übernehme ich die Schuld von allem. Ihr habt gar nichts damit zu tun. Mir macht es nichts aus, für euch zu büßen'."

Der Mann machte eine Pause, schaute überall hin, machte sich wieder Gedanken über seine Erzählung, ich merkte, dass er total ruhig war, wesentlich ruhiger, als alle anderen Menschen, die an uns vorbeiliefen, auch seine Haut war eine sehr zarte Haut, viel Energie konnte ich da sehen, und er erzählte plötzlich voller Euphorie.

„Ja, mein Freund. Alexander war ein Familienvater und Lisa und ich haben uns über alles geliebt, Alex war geschieden, hatte schon zwei Kinder an der Uni, für die er weiterhin sorgen musste, Studium zahlen usw., also, ich wollte die gesamte Schuld auf mich nehmen, damit die frei kommen könnten, falls die Bullen uns erwischten. Lisa hatte früher einen sehr schlimmen Unfall gehabt, der ihr Leben total ruiniert hatte und danach kamen Scheidung und viele Sachen noch dazu, ich habe sie sehr geliebt und für sie hätte ich alles getan und würde es heute immer noch tun. Also, wir hatten alles geplant und gut vorbereitet, ich war Maschinenbauingenieur, ja, ich war auch in dieser scheiß Uni. Nun später, nach meiner Scheidung ging alles den Bach hinunter, ich habe alles verloren, alles! Frau, Familie, Kinder, Haus, Auto usw., und als ich Lisa in Trier getroffen hatte, konnte ich wie durch ein Wunder plötzlich alles wieder erreichen. Ich hatte zwar immer noch kein Geld, Haus oder Auto, aber ich war nach so vielen Jahren wieder so glücklich wie noch nie zuvor. Lisa hatte eine kleine Wohnung in Trier gehabt und ich habe bei ihr gewohnt, zuerst für ein paar Tage und dann waren schon sechs Monate vergangen. Alexander lernte ich in Saarbrücken kennen, und der war wirklich in Ordnung. Ich wollte keinen von beiden im Knast sehen und so haben wir unseren Plan durchgezogen. Alles war perfekt geplant, wir hatten schon jemanden für den Geldtransfer nach Brasilien organisiert – an der Copacabana wollten wir unser zukünftiges Leben genießen. Alexander war überglücklich mit unserer Planung, er fühlte sich wie neu geboren. Ja, was sollte schon schief gehen? Fast eine Million hatten wir schon auf die Seite gelegt."

Neugierig folgte ich seinen Erzählungen.

„Dann kam der große Tag in unserem Leben. Lisa war davon überzeugt, dass im Tresor mindestens zwei Millionen anzutreffen waren. Genau um 8:00 Uhr morgens stürmten wir in die Bank rein, ich mit einer Granate in der einen und mit einer Kalaschnikow in der anderen Hand. Wir waren ganz in Schwarz angezogen. Wenn du eine Granate in der Hand hältst, musst du gar nicht viel tun oder sagen, alleine bei der Vorstellung einer Explosion einer Granate macht sich jeder Mensch in die Hose. Und so war es auch, wir schlossen die Tür ab und brachten draußen ein Schild an 'heute ab 8:30 Uhr geöffnet'. Lisa wusste, dass ihre frühere Bank so was sehr oft gemacht hatte. Die Leute waren schon daran gewöhnt. Den Tresor konnten wir genau um 8:16 Uhr öffnen. Dann ging Lisa nach unten und ich blieb oben bei den Mitarbeitern. Ich war sehr nett zu allen fünf, die da waren. Ich sprach mit denen und erklärte, dass die nichts tun dürften, außer sich gut zu benehmen – und gar nicht daran denken sollten, die Polizei anzurufen oder zu alarmieren. Das Geld gehörte sowieso nicht ihnen, sie verstanden mich schon gut. Lisa hatte zwischenzeitlich den Tresor geöffnet und kam mit soviel Geld hoch, dass sie es kaum mitschleppen konnte. Wir haben alles auf einen kleinen Wagen geladen und versuchten, möglichst unauffällig das Gebäude zu verlassen. Alex kam schnell zu uns und wir luden rasch alles um. Die Mitarbeiter der Bank hatten wir im Keller eingesperrt, hinter zwei Feuerschutztüren, dort würden die für ewig bleiben, falls niemand kommen würde – es gab aus Sicherheitsgründen nur ein Fenstergitter.

Ganz gemütlich sind wir weggefahren. Nun, eine alte Dame hatte uns beobachtet und die Polizei alarmiert. Wir sind weggefahren und ein paar Kilometer weiter hatten wir unser Auto gewechselt und ein drittes Auto stand bei einer Werkstatt schon kurz vor der Autobahn für uns bereit. Als wir weggefahren waren, hatte die Polizei bereits ohne zu zögern alle Tunnels und Ausfahrten der Stadt gesperrt und nur auf uns gewartet. Allerdings wussten die nicht, welches Auto wir in dem Moment fuhren. Alex wurde plötzlich zunehmend nervöser und in einem Tunnel geriet er derart in Panik, dass ich gezwungen war, auszusteigen, Alex zu beruhigen, um dann wieder weiterfahren zu können. Zu unserem Pech wurden wir genau dort von einer Kamera, die sich im Tunnel befand, beobachtet und aufgezeichnet und so gerieten wir sofort in die Krallen unserer lieben Freunde, der Polizei. Wir kamen alle ins Gefängnis. Nach einem nicht allzu langen Prozess haben wir alles zugegeben, weil ich wusste, dass wenn wir das Geld zurück geben würden, unsere Strafe gemildert werden konnte. Gleich bei der ersten Verhandlung hatte ich alles zugegeben. Ich übernahm wie zuvor versprochen für alles die volle Verantwortung und bestätigte, der Kopf der Bande gewesen zu sein – Lisa und Alex hätten nichts damit zu tun gehabt, ich hätte alles geplant und die hätten nur meine Anweisungen befolgt, sie wären sowieso viel zu naiv und hätten mir lediglich dabei geholfen. Also bekam ich 15 Jahre Knast und die beiden 5 Jahre auf Bewährung."

Das Leben hinter Gittern schien den Mann schon geprägt zu haben und nach kurzer Pause setzte er mit unsicherer Stimme seine Erzählungen fort. Dabei stiegen ihm Tränen ins Gesicht: „Drei Jahre später ist Lisa gestorben, an einem Gehirntumor. Der hatte sie voll erwischt. Wir hätten noch so glücklich werden können. Von da ab war mir alles völlig gleichgültig – im Gefängnis zu sein oder draußen, das war mir alles egal. Alex hatte wieder einen Job als Krankenpfleger bekommen und konnte das Studium seiner Kinder weiter finanzieren, die zwischenzeitlich beide Ärzte geworden sind. Er lebt irgendwo an der Mosel und will keinen Kontakt mehr mit mir haben – das macht nichts, er war ein braver Junge, heute ist er schon alt und vielleicht total krank, weil er gerne einen Schnaps und viel Bier getrunken und auch jede Menge Zigaretten in die Luft geblasen hatte. Ich verzeihe ihm, dass er keinen Kontakt mehr mit mir haben will, er hat mich auch niemals im Gefängnis besucht. Das alles macht mir nichts mehr aus."

Plötzlich strahlte der Mann inneren Frieden aus.
„Der Engel der Vergebung hat eine Rose in meinem Herzen eingepflanzt und ich kann jedem Menschen auf dieser Welt verzeihen, auch wenn jemand mir was Schlimmeres getan hat, ich habe

gelernt, dass es nichts Schlimmeres gibt, als wenn ein Mensch einem anderen nicht verzeihen kann. Im Knast, mein Freund, habe ich gelernt, dass wenn wir jemandem verzeihen können, wir eine Reise durch das Universum machen. Ich habe da drin einen guten Freund, der ist Buddhist und von ihm habe ich vieles mitbekommen, und wenn ich einmal Geld haben sollte, werde ich sofort nach Tibet oder Thailand fliegen, um dort die Spur des Buddhismus zu verfolgen.

Ja, ich habe im Knast vieles gelernt, es war für mich manchmal wie eine Reise in Wundern sozusagen. Es gibt ein Buch 'Ein Kurs in Wundern' vom Greuthof Verlag, kennst du das? Ein Kumpel von mir hat das den ganzen Tag über gelesen und viel darüber erzählt. Also, der Knast war für mich auch eine Schule, ich bin fast fertig mit meiner Schule, mit meiner Knastausbildung, das hätte niemand gedacht, nun weiß ich nicht, ob ich fähig bin, unter diesen Verrückten hier draußen wieder leben zu können. Und das eine sage ich dir, mein Freund. Eine sehr wichtige Sache, die ich gelernt habe, heißt, dass Geld nicht glücklich macht. Geld macht weder glücklich noch unglücklich, wie wir das Leben nehmen und wie wir selbst mit uns umgehen können, macht uns glücklich oder unglücklich, alles liegt in uns selbst. Das Geld ist nur ein Mittel. Sollte ich unglücklich sein, nur weil ich nicht mal 50 Cent zum Pinkeln habe? Ich klage nicht darüber und gehe woanders hin, wo es nichts kostet. Ist das nicht so? Die Banane schmeckt gut, aber wenn wir sie mit der Schale essen, können wir nicht den richtigen Geschmack genießen. So ist es mit unserem Leben. Die Menschen, die da sitzen und schönes Eis essen, die können vielleicht das Leben nicht richtig genießen. Für die ist alles genau wie das Eis, das sie gerade essen, es geht sehr schnell vorbei. Ja, mein Bruder, du machst es richtig, morgen bist du wieder woanders und viele dieser Leute, die hier im Café sitzen und wie Idioten ihr Eis essen, werden morgen immer noch da sein und vielleicht weiterhin dem Geld hinterher rennen und denken, dass man mit Geld Freiheit, Zeit und Glück kaufen kann, völlig verrückt. Die gehören alle in den

Knast. Ja, ich verbrachte 15 Jahre meines Lebens im Knast, ich habe dort jedoch keine Zeit verloren, sondern ich habe 15 Jahre meines Lebens gewonnen, denn ich habe mir Gedanken über so viele Dinge machen können. Ich war früher genauso verrückt, jawohl, und das hat mein Leben ruiniert. Nicht meine Frau, nicht meine Scheidung, nicht der Verlust meiner Kinder, sondern ich selbst habe mein Leben ruiniert, wie ein Idiot. In uns selbst liegt unsere Zeit und die Zeit des Glücks, nicht in der Uhr. Um glücklich zu sein, müssen wir es nur wollen. Du kannst jeden Tag in die Kirche gehen und hinterher klagen, dass du zu spät nach Hause kommst. Das liegt an dir! Die Menschen alle hier, die sind immer zu spät. Die versuchen, das eigene Leben zu überholen, die eigenen Schatten zu überspringen. Ich habe die ganze Schuld des Banküberfalls auf mich genommen, ich habe zwei Freunde geschützt und das hat mir so gut getan.

Wir mögen uns immer noch sehr, ich liebe Lisa immer noch über alles, auch wenn sie nicht mehr unter uns ist, und sie weiß das. Das ist für mich kein Leben, da zu sitzen und den ganzen Tag ein Eis zu schlecken und hinterher zu klagen, dass man keine Zeit oder kein Geld hat. Das ist für mich kein Leben und keine Freiheit. Ich war 15 Jahre im Knast, aber die Menschen, die du hier auf der Straße mit so vielen Einkaufstüten in der Hand siehst und die wie verrückt hin und her laufen, die leben wirklich im Knast. Und wenn die glauben, sie haben Ferien oder Urlaub, dann stecken die gleich stundenlang in einem Stau, bis sie irgendwohin kommen, und dann geht alles wieder von vorne los. Wie Tiere im Zoo der Gesellschaft lebend, die Fähigkeit verloren, zu denken, ein Leben im Gefängnis wie bei mir, nur bin ich nicht freiwillig da drin. Die wissen nicht mehr was die tun und fühlen sich frei, nur weil sie sich gerade mal 30 Minuten im Leben Zeit nehmen, um ein Pistazieneis zu essen. Das sind gefesselte Menschen, die sich mit ihrem Hintern auf einen Stuhl geklebt haben, die sich in ihr eigenes Gefängnis sperren und die Schlüssel wegwerfen, weil sie Angst haben, frei zu sein. Man kann vor allem weglaufen, außer vor sich selbst."

Der Mann schaute zu mir empor und begab sich wieder auf den Weg mit den Worten:

„So ist es, mein Freund! Mach deine Musik weiter, du hast mir lange zugehört, siehst du, du bist ein freier Mensch, andere hätten mir nicht zugehört, weil zwischenzeitlich das Geld in der Kasse nicht geklingelt hätte. Nicht wahr? Mach weiter so, mein Freund. Ich gehe jetzt – nicht, weil ich gehen muss, sondern weil ich gehen möchte. Mein schönes Bett im Knast wartet auf mich. Alles Gute, mein Freund, bis eines Tages, aber nicht im Knast, das wollen wir nicht hoffen. Klebe keinen Stuhl an deinen Hintern, bleib ein freier Mensch wie du bist. Und lass den Engel der Vergebung und des Friedens immer in deinem Herzen fliegen. Da fliegt er gut. Bis dann. Es lebe die Freiheit und ich gehe wieder zurück in meinen Knast.“

Was bedeutet Freiheit für Dich?
Was müsste geschehen, damit Du Dich frei fühlst?
Wann bist Du tatsächlich frei?

Ich bin immer dann frei,
wenn ich meinen Frieden
nicht mehr von äußeren Umständen abhängig mache.
Wenn ich in all meinen Begegnungen
mich selbst sehe und die Freiheit erkenne,
die ich für mich erfahren möchte.

Meine eigene Erlösung
zeigt sich in der bedingungslosen Annahme
all dessen, was mir widerfährt –
in Begegnungen mit all meinen Mitmenschen,
in all meinen Erfahrungen –
und da gibt es keine Ausnahmen.

Letztendlich habe ich keine Freiheit darüber,
was meine eigenen Lektionen betreffen,
den Lehrplan in diesem Leben,
den es für mich zu lernen gibt.

Ich erfahre dieses Leben immer so,
wie ich es aus höherer Ebene gewählt habe.
Es steht mir jedoch frei, festzulegen,
wie ich meine Erfahrungen erlebe,
wie ich meine Entscheidungen treffe.

Mit der Stimme meines Egos,
die immer mich als Person darstellt,
das konditionierte Denken in mir begründet,
die Stimme, die anfängt,
zu deuten, zu werten, zu begründen,
zu lehren, zu missionieren...

Die Stimme,
die sich an Konzepte klammert
und Regeln festsetzt –
und mich dazu verleitet,
mir mein eigenes Gefängnis zu bauen.

Oder mit der STIMME des HEILIGEN GEISTES,
die immer das Beste für mich
im großen GANZEN wahrnimmt,
welches mein Ego-Teil nicht erkennen kann.

Äußere Mauern
bedingen keine innere Gefangenschaft,
genauso wenig wie Grenzenlosigkeit im Außen
die innere Freiheit nicht automatisch beinhalten.

Durch die Annahme all dessen,
was mir widerfährt,
ohne Wertung, ohne Urteil,
kann ich die Freiheit meines Geistes leben.

VATER, lass mich in all meinen Begegnungen
meine Erlösung erkennen.
Mach mich frei von jeglichem Urteil,
und von allen Bewertungen.
Lass mich nur die STRAHLEN der LIEBE –
unser aller Verbundenheit
in allem und jedem erkennen.

Mögen wir gemeinsam über erdachte Formen,
Konzepte, Urteile und Werte hinauswachsen
in unser WAHRES SELBST.

Mein Vertrauen zu mir
Gibt mir Sicherheit und Hoffnung,
Dass morgen alles besser sein kann.
„Für mich muss nur sicher sein,
Dass ich völlig ich selbst bin."
Keiner kann für mich schlafen oder essen,
Keiner kann für mich sterben,
Ich muss alles selbst in die Hand nehmen.
Selbstverständlich, Gott hilft uns dabei,
Aber die Eintrittskarte für den Himmel
Und für das Paradies
Die muss ich selbst kaufen.
Keiner kann das für mich tun,
Und das ist gut so!

Ich bin Ich
und ich liebe mein Leben.
Jetzt und in jedem Augenblick
gebe ich mich vertrauensvoll
meinen Aufgaben hin.
Doch wer ist mein Selbst?
Wann kann ich mir sicher sein,
ich selbst zu sein?
An welchem Zustand erkenne ich,
mein wahres Selbst gefunden zu haben?
Und wie zeigt sich mir der HIMMEL?

Das Leben ist wie ein Ozean:
Mal ruhig, mal turbulent.
Das Licht, unser Gott,
Zeigt uns, wo wir ankommen sollen.
Wenn das Meer unruhig ist,
Schreien wir um Gottes Hilfe.
Solange alles gut geht
Und das Leben
Seine Schokoladenseite zeigt,
Dann schreien wir nur
Nach dem Reisekatalog.
Nun, Gott ist dadurch
Wirklich nicht böse mit uns.

Wenn es zu weit kommt,
Lächelt er ein bisschen
Und lässt uns machen.
Ja, das nur um zu sehen,
Wie wir uns dann verhalten.
Das macht ihm Spaß.

Das Leben ist wie ein Ozean,
Mal ruhig, mal turbulent.
Vergiss das nicht –
Gott vergisst dich auch nicht.
Gute Fahrt
Auf Deiner Reise übers Meer.

Wenn wir uns allzu sehr im Reichtum verlieren,
bedarf es manchmal
des trüben und dunklen Wassers des Ozeans
– was für wundervolle Geschenke,
wenn es uns dadurch wieder gelingt,
nach LICHT, nach GOTT, nach FÜHRUNG
Ausschau zu halten.
Je dunkler und tiefer das Meer ist,
umso heller wird die Sonne leuchten,
um auch in die
tiefsten Winkel der Dunkelheit vorzudringen
und ihr LICHT zum STRAHLEN zu bringen.

Mein Spiegel, am frühen Morgen,
Lacht jeden Tag mich richtig aus
Und er sagt zu mir:
Na du, du bist alt geworden, nicht wahr?
Nun, deine Falten stehen dir sehr gut
Und die grauen Haare passen auch gut
Zu deiner Krawatte.
Du bist so alt,
So alt, wie ein Krokodil ohne Strand
Und auch ohne Wasser, geworden.
Was hast du jetzt davon?
Du wolltest die Welt kaufen,
Das hast du auch erreicht,
Aber die passt nicht in deinen Kofferraum,
Nicht wahr?

Was soll ich machen?
Frage ich ihn.
Nun, die Antwort weiß er auch nicht,
Ja, er lacht mich immer wieder aus.

Ich denke über alles nach –
Ja, ich mit mir: Ich und ich,
Wir sind wie ein altes Ehepaar geworden.
Ja, mein Freund,
Wir leben schon so lang zusammen,
Aber wir sind einander so fremd geworden,
Was soll ich tun?
Meinen Spiegel kaputt machen?
Das wird die Wahrheit der Zeit nicht ändern.

Ja, mein Freund,
Sage ich zu meinem Spiegel.
Lach mich weiter aus,
Das ändert alles nichts.
Ich weiß, dass ich alt geworden bin
Und du glänzt auch nicht mehr wie früher,
Merkst du das denn nicht?
Dann haben wir Ruhe im Stall,
Wir sind alle alt geworden.
Das Traurige dabei,
Wir sind genau so dumm
Wie früher geblieben.
Ja lieber Spiegel, lach mich aus!
Du hast Recht.
Die Welt, die ich so sehr haben wollte,
Passt nicht in meinen Kofferraum.
Aber weißt du was?
In meinem Gesicht ist noch
Genügend Platz da
Für die Falten, die noch kommen werden.
Lach mich aus, du darfst,
Du darfst!
Das macht mir gar nichts aus.

Mein Spiegelbild:
Wer betrachtet mein Spiegelbild?
Wer erwartet so vieles von mir?
Wer stellt fest, dass wir uns fremd geworden sind?
Wer sagt, dass mich mein Spiegelbild auslacht?
Kann es sein, dass es mich anlächelt?
Dass es mir sagen will –
„So, wie Du bist, bist Du genau richtig!
Du bist vollkommen!
Du bist nicht der Körper, den Du siehst,
Dein Körper ist nur eine vorübergehende Hülle,
vergänglich, ein Spielball der Zeit,
genauso wie der Spiegel nur den Rahmen bildet,
für die Welt, die Du wahrnimmst.
Die Welt – die sich solange im Spiegel spiegelt,
wie Du an sie glaubst.
Sie endet in dem Moment,
in dem Du die Vollkommenheit in der Unvollkommenheit erkennst,
die Ewigkeit in der Vergänglichkeit,
die LIEBE in allem, was IST."
Mein Spiegelbild glaubt an mich und wartet,
solange, bis auch ich an die
Vollkommenheit meines Wesens glaube
und zurück lächle.
Dann sind wir EINS geworden
und alles Fremde zwischen uns
ist verschwunden.

Nur in diesem spirituellen Leben
Sind wir mit uns eins
Und ein Ganzes,
Alles ist eins!
Am Anfang war das Licht,
Und aus dem Licht sind wir
Solche Menschen geworden.

Der Weg zum Frieden
Fängt nicht an der Rezeption an,
Sondern hier in unserem Herzen.
Wir schaffen kein Glück,
Ohne Frieden zu schaffen,
Wir schaffen keine bessere Welt,
Ohne unser spirituelles Leben
Genau zu prüfen und zu achten.
Das spirituelle Leben
Ist der direkte Weg,
Um unseren inneren Frieden zu erreichen.
Der Weg zum Glück und Frieden
Fängt nicht an der Rezeption an,
Sondern hier in unserem Herzen.

Wie zeigt sich unser spirituelles Leben?
Wie erfahren wir unser EINSSEIN?
Kann es sein, dass wir alle spirituelle Wesen sind,
die in eine menschliche Erfahrung gehen –
und nicht umgekehrt?
Könnte es sein,
dass durch dieses GEWAHRSEIN
die Einheit nur noch eine Frage
der Geisteshaltung ist?
Das Leben dadurch ein Spiel des Geistes?
Ein Gedankenspiel?

Dein falsches Ego
Ist das, was dir im Weg steht.
Du versuchst, deine Schatten
Zu überspringen,
Aber die bleiben immer da
Und lachen dich voll aus.
Du bist eine Marionette der Zeit geworden.
Eine mobile Einkaufstüte,
In die du alles rein wirfst
Und denkst, es gebrauchen zu können.
Dein falsches Ego raubt dir alle deine Kraft.
Dein Spiegel zeigt dir nicht, was du bist,
Sondern, was du gerne sein wolltest.
Du rennst den ganzen Tag
Hin und her und weißt am Schluss nicht,
Was du gemacht hast – gar nichts,
Nicht wahr?
Aber am nächsten Tag
Geht alles wieder von vorne an.
Dein Ego treibt dich durch das Leben
Wie ein Stück Holz am Fluss der Sinnlosigkeit.
Ein spirituelles Leben hat keinen Platz
In deinem kleinen Kofferraum,
Der ist schon voll
Von Schuhen und Schminksachen.
Du musst dich tagtäglich schminken,
Damit du dich selbst nicht erkennen darfst.
Wach auf, mein Kind,
Du bist nicht, was dir dein Spiegel zeigt,
Sondern du bist nur
Was du da sehen willst.
Dein falsches Ego lacht dich richtig aus
Und du machst alles mit.
Über dich kann man richtig lachen.

... und wenn es uns an diesem Punkt gelingt,
innezuhalten,
und diese Gedanken zuzulassen,
sind wir dann bereit,
uns in einem anderen Licht wahrzunehmen?
Dem LICHT der LIEBE,
das immer scheint
und uns bedingungslos liebt,
unabhängig von all unserem Tun,
von all unserem Aussehen!
Es kennt unsere Hülle nicht –
es hat nur Zugang zu unserem Herzen
und wartet beständig darauf,
eintreten zu dürfen
und uns mit unserer WAHREN QUELLE
im Inneren in Verbindung zu bringen.
Sind wir nun bereit,
innezuhalten,
diese Erkenntnis umzusetzen
und als Chance zu einem
wunderbaren Neubeginn mit GOTT
in unserem Herzen zu nutzen?

Ja, ich bin kein Kind.
Ich bin nur das Kind des Alltags.
In mir pulsiert das Leben
Wie auf einem Spielplatz.
Ich renne und tobe,
Bis meine Eltern mich rufen
Und sagen:
„Kind, komm doch bitte nach Hause."
Dann gehe ich da hin
Wo ich nicht gern hingehen will.

Die Zeit ist zu knapp,
Um so ein richtiges Kind zu sein.
Ich habe so viele Fragen,
Zum Beispiel:
„Wo ist mein 'Ich' geblieben?
Habe ich es verkauft?"

Kinder wollen alles wissen,
Auch was sie schon wissen!
Es ist schön, ein ewiges Kind zu sein.
Ich bin kein Kind mehr –
Ich bin nur ein Kind
Für die Ewigkeit geblieben.
Wo ist mein Spielplatz?

Kinder haben die wertvolle Gabe
vollkommen sich ins Hier und Jetzt versinken zu lassen,
vertrauensvoll mit allem zu sein,
was sich gerade ergibt.
Voller Neugier gehen sie wertfrei auf
Entdeckungsreise,
staunend und mit Freude
erobern sie die Welt.
Lasst uns ewig Kinder sein!

Ich glaube an mich
Und an die Macht des Universums.
Die Weisheiten des Kosmos
Verbiegen meine eigene Herkunft,
Daran könnte der Grund
Meines Erfolges liegen.

Ich glaube an mich
Und an den Herrn des Universums.
Wir sind beide Wesen
Unseres unendlichen Systems
Aus unserem Sonnensystem
Oder aus anderen Quellen,
Von denen wir Menschen nichts wissen.
Alle Weisheiten des Universums
Stehen mir jetzt und sofort zur Verfügung.

ICH BIN ALLES was ICH BIN –
all die Welten, die ich meine wahrzunehmen,
entspringen meinem Geist,
einem Geist, der an Trennung glaubt.
Möge ich die Kraft haben, innezuhalten,
meine Glaubenssätze zu überdenken,
meine Überzeugungen in Frage zu stellen,
und anderen Geistes zu werden.
Ich bitte um Führung und Erinnerung durch den
HEILIGEN GEIST,
ich bitte darum,
all meine Überzeugungen und Glaubenssätze
zu berichtigen,
meine Gedanken in SEINE Obhut zu nehmen,
und mich zu leiten auf dem Weg nach HAUSE,
in mein WAHRES ZUHAUSE,
das aus NICHTS besteht und doch ALLES ist.

... wenn ich mir dann auch noch bildhaft vorstelle,
was ich erreichen möchte,
welchen Erfolg ich mir zugestehe,
mit welcher Freude ich mein Ziel fixiere,
und wie ich fühle,
wenn ich das erreicht habe,
woran ich glaube,
dann beschreite ich Stufe um Stufe
meine Schritte zum Inneren Erfolg.

In unserem Gehirn können wir
So vieles speichern,
Sozusagen fast wie bei einem Computer,
Der alles zu sich nimmt
Und dabei auch nicht klagt.

Aber wenn wir nicht aufpassen
Und nicht alles richtig einordnen,
Gibt es eines Tages ein Chaos,
Eines Tages gibt es einen Kurzschluss
Und es ist mit uns selber aus!

Nun, die Informationen,
Die wir jeden Tag gewinnen,
Können sehr nützlich für uns sein,
Nützlich für ein besseres Leben,
Für eine bessere Zukunft,
Für eine bessere Welt.
Wir erleben täglich was Neues.
Wir dürfen nicht immer
Die gleichen alten Wesen bleiben.

Nütze deine Speicherkapazität
Für eine Welt voller Hoffnung
Und voller Brüderlichkeit.
Was für ein wunderbarer
Computerladen
Ist unsere schöne Welt geworden!

Möge mich das täglich Erlebte
stets mit Freude erfüllen,
und möge ich manchmal
auch den Mut aufbringen,
all das, was ich abgespeichert habe,
was ich gelernt habe,
all meine Überzeugungen,
Bewertungen, meine Gedanken
und Wertvorstellungen
loszulassen,
damit ich SEINE schöpferische Kreativität
von allen Ebenen befreit liebevoll
durch mich fließen lassen kann.

Von mir kann nur was Neues erblühen,
Wenn ich dafür offen bin,
Mich zu verändern
Ab der Zeit, in der ich bereit bin,
Meine Ansichten,
Meine Ehrlichkeit,
Mein Gefühl
Und meine Erkenntnisse
Für eine gute Tat anzuwenden.

Und das ist genau das,
Was meine Mitmenschen betrifft,
Einfach da zu sein
Für die anderen, die im Moment leiden
Und meine Hilfe brauchen!

All meine Erfahrungen sind wichtige Botschaften
und beinhalten einen Samen der Erkenntnis.
Nur, wenn ich mich nicht sträube,
Neues zu empfangen,
Veränderungen zuzulassen,
bekommt mein Same Gelegenheit
zum Wachsen und zum Gedeihen.
Ich will diesen Samen zum Erblühen bringen
und öffne mich vertrauensvoll
den Veränderungen meines Lebens,
und erkenne von nun an
all die Vollkommenheit,
die mich umgibt.

Die Esel haben schon den Ruf
Stur zu sein,
Wenn irgendwas nicht passt,
Dann bleiben sie stehen
Und gehen keinen Schritt weiter.

Der Mensch dagegen
Läuft stur gegen die Wand
Und keiner kann uns halten.
Manchmal ist es gut, ein Esel zu sein
Und sagen zu können:
„Bis hierher und nicht weiter."

Und wenn ich mich als sturer „Eselmensch"
so gar nicht mehr wohl in meiner Haut fühle,
dann darf ich mir vollkommen bewusst sein:
Ich kann immer nur
durch meine Gedanken verletzt werden.
Nichts vermag mich sonst zu verletzen.

Es bedarf nur einer kleinen Bitte
und der HIMMEL öffnet seine Schleusen,
mir zu dienen.
Meine Gedanken werden dann
durch eine andere Wahrnehmung geführt,
die mich die Dinge im Außen neu deuten lassen.
Frieden, unabhängig von äußeren Umständen
darf entstehen.
Ich will mich von nun an zuversichtlich
meiner Führung anvertrauen,
zuversichtlich im HIER und JETZT verweilen,
zuversichtlich nach vorne blicken.
Und falls mich Gedanken der Sorge einholen,
will ich mich daran erinnern,
sofort um Hilfe zu bitten.

Mit meinem Vertrauen zu Gott
Kann mir nichts passieren.
Wenn es draußen regnet,
Kann ich nicht draußen im Regen stehen
Und sagen:
Ich werde nicht nass,
Mir passiert gar nichts,
Ich bleibe trocken
Wie ich es immer schon war!

Vertrauen ist gut,
Kontrolle ist besser.
Der Glaube ist gut,
Wenn er aus dem Herzen kommt
Und sollte nicht aus Angst entstehen.

Der Glaube zu Gott
Und zu Jesus
Sollte sich aus reiner Liebe entfalten.

Die Kirche hat sich schon was dabei gedacht,
Als sie so viel Angst und Sünde
In die Heilige Schrift eingebaut hat?!
Mit Speck fängt man Mäuse
Und mit Angst
Hält man die Gläubigen zusammen
Und die Kirche bleibt an Weihnachten voll.
Der Glaube zu Gott
Und zu Jesus
Sollte aus reiner Liebe sich entfalten.

VATER, ich bin bereit,
DEINE LIEBE durch mich fließen zu lassen.
Führe mich durch jede Situation
Und unterstütze mich darin,
mein Vertrauen in DEINE FÜHRUNG zu bewahren,
auch dann, wenn die Dinge sich im Außen anders gestalten,
als ich es mir vorgestellt habe.

Meine vertrauensvolle Haltung
lässt mich die Vollkommenheit in allem erkennen,
was mir begegnet.
Dies ist das größte Geschenk,
was ich mir selbst zu geben vermag.

Ein Leben voller Gott
Ist wie ein Kindergarten voller Kinder,
Es ist wie ein Gottesdienst
Voller guter Stimmen
Mit Menschen, die die Psalmen singen
Und liebevoll an das Mittagessen denken
Und auch am Nachmittag bei Oma
Mit Kaffee und Kuchen auf der Terrasse
An einem Frühlingstag
Sich verwöhnen lassen.

Ein Leben voller Gott
Bringt uns Freude,
Keiner wird uns was tun.
Bei Gott sind wir doch stark
Und können aus voller Brust singen:
Gott ist wunderbar!
So wunderbar ist Gott.
Komm sing mal mit,
Das kann jedes Kind!
Gott ist wunderbar!
So wunderbar ist Gott.

Ich darf das Geschenk meines Lebens
allzeit würdigen und dankbar anerkennen,
indem ich mir selbst mein Recht,
GOTTES Bildnis und Geschöpf zu sein,
wahrhaftig zugestehe
und mir meiner WAHREN GRÖßE
durch GOTT in mir
beständig bewusst bleibe.

GOTT IST wunderbar,
ICH BIN wunderbar,
Denn GOTT ist in mir.

Es gibt viele wunderbare Dinge auf unserer Welt.
Eines davon bist du,
Ein anderes bin ich selbst.
Wir dürfen die Natur nicht zerstören,
Alles ist Gottes Geschenk.

Die Frage, ob ich gut genug für diese Welt bin
Das frage ich mich nicht mehr,
Es gibt immer Grund zu feiern.
Ich bin nicht die Ursache der Zerstörung,
Sondern ich bin nur die Konsequenz
Aus einem Zufall des Universums,
Dass ich bei euch hier gelandet bin.
Lebwohl, mein Kind,
Ich nehme meinen Platz in diesem Karussell
Und lasse die Böller knallen.
Lebwohl, mein Kind!

Wir sind die Ursache und zugleich die Wirkung.
Wir sind voller Angst und fühlen uns schuldig.
Dies lässt uns diese Welt glauben machen,
mit all ihren fesselnden Ablenkungen.
Wir spielen unsere Rollen perfekt
– unsere Identifikationen zeigen uns
unsere wahnhafte Großartigkeit.
Wir fühlen uns so zuhause in der Dualität.
Der Ego-Geist ist zufrieden mit uns.
Versorgt er uns doch ständig mit neuen Details,
die es noch zu erobern, noch zu erlernen gilt
in einer Welt voller Vielfalt und Formen,
lässt uns beständig suchen, und doch nicht finden...
das ist es, was ihn am Leben erhält.

Solange, bis wir genug haben.
Bis wir bereit sind, aufzuwachen,
und einer anderen STIMME in uns die Führung überlassen,
die uns sanft und sicher
in unser WAHRES ZUHAUSE führt.
Die Welt bekommt von nun an eine andere Bedeutung,
andere Wahrnehmungen erfüllen uns mit Frieden,
unabhängig vom Geschehen der Welt.
Wir durchschauen ihre Ablenkungen
und folgen einer vertrauensvolleren Führung,
dem HEILIGEN GEIST.
ER weist uns sanft und sicher den Weg zurück,
zurück in unser aller EINSSEIN:

identifikationslos – formlos – raumlos – zeitlos – endlos

Fast jeden Tag
Begegnen wir Menschen,
Die uns was Neues beibringen können.
Öffne ich mein Herz und meine Ohren
Für neue Gedanken,
Werde ich dann
Solche Menschen verstehen können.

Stecke ich mich hinter
Den eisernen Vorhang meines falschen Egos,
Dann werde ich für alles blind sein.
Ich muss nicht mit allem einverstanden sein,
Aber ich kann mir Gedanken darüber machen
Und meinen Entschluss selber ziehen.
Mein Horizont ist so breit,
Wie ich selber meine Augen öffnen kann.

Ich danke Dir VATER
für all die wunderbaren Begegnungen –
Begegnungen, die mich mit meinem WAHREN SELBST
in Berührung bringen,
Begegnungen, die mich
in meinem Menschsein darin bestärken,
mein GOTTSEIN zu leben,
Begegnungen, die mich immer wieder staunen lassen,
in wie viel verschiedenen großartigen
Facetten DU DICH zum Ausdruck bringst.
Danke!

Der Pferdemann

Der Mann war schon bekannt in der Stadt wegen seiner grausamen Art, mit den Pferden umzugehen. Er war etwa zwei Meter groß, trug einen dunklen Vollbart und arbeitete als Pferdekutscher in der Stadt. Es war damals in der kleinen Stadt Mogi das Cruzes, die Pferde waren wie Taxen auf zwei Rädern, sie mussten da am Bahnhof bis zu 12 Stunden am Tag ausharren und selbst am Abend brachten sie noch viele Kilometer hinter sich, bis sie schließlich müde und völlig erschöpft zu Hause angekommen waren. Einer dieser Pferdehalter war unser Nachbar, den ich nur aus weiter Entfernung kannte. Wir machten immer einen großen Bogen um ihn herum, um den Herrn Pferdemann. Die Kinder hatten alle Angst vor ihm. Der sah aus wie ein Gladiator, alle Kinder fürchteten sich gewaltig vor ihm. Ich war einer von denen, die eine Mordsangst vor ihm hatten und sobald meine Eltern ihn auch nur erwähnten, konnte ich nachts schon gar nicht mehr schlafen. Ja, bei uns war er bekannt als Pferdemann. Er hatte seine eigenen Pferde missbraucht und geschlagen. Jeden Abend mussten die Pferde, um wieder zurück nach Hause zu gelangen, mit sehr schwerer Karosserie den Berg hochlaufen. Die armen Tiere schafften es oft nicht mehr, nach oben zu gelangen. Anstatt seinen Pferden zu Hilfe zu eilen, schrie der Pferdemann seine Tiere nur an und schlug auf sie ein, bis sie dann mühevoll den Berg hochzogen. Mein Vater hatte das nicht gerne gesehen, wollte aber nichts dagegen sagen oder gar eingreifen. Die Menschen damals waren sehr empfindlich und wenn mein Papa was gesagt hätte, wäre es womöglich zu Streitereien gekommen, die in einem offenen Kampf mit Messern geendet hätten. Mein Vater war schon auch ein sehr explosiver Mensch, er hatte immerhin auch schon fünf kleine Kinder gehabt und wollte von daher auch von diesem Mann besser Abstand halten.

Tag für Tag veranstaltete der Pferdemann ein Riesentheater vor unserem Haus, als er mit seinen Pferden von der Stadt zurück nach

Hause kam. Eines Tages war gerade mein Onkel bei uns, als der Pferdemann wie jeden Tag angefangen hatte, seine Pferde zu schlagen und anzuschreien, was mein Onkel nicht ertragen konnte.

„Was ist das?", fragte Onkel Zé, als er die Pferde voller Panik wiehern und schnauben hörte.
„Das ist dieser Pferdemann, irgendwann bringt er seine Pferde noch um!", rief meine Mutter, die immer nervöser wurde, da sie ihren Bruder schon sehr gut kannte und genau wusste, dass er Ungerechtigkeiten nicht ertragen konnte, vor allem Tieren gegenüber.
„Onkel, das macht er fast jeden Tag hier bei uns vor der Tür!", rief ich sehr aufgeregt. „Die armen Pferde kommen völlig erschöpft nach Hause zurück und müssen dann noch so was erleben! Ich bin davon überzeugt, dass irgendwann noch ein Pferd hier vor unserem Haus stirbt. Onkel, wollen wir mit ihm schimpfen? Sollen wir ihm eines in die Eier verpassen?"
Meine Mutter schimpfte mit mir, weil ich so gesprochen hatte, aber so hatten wir in der Schule unter uns immer geredet und mein Onkel hat auch nicht gerade mit dem Löffel gegessen. Als ich das sagte, hat er sehr gelacht. Nun, die Sache mit dem Pferd hat ihm allerdings gar nicht gepasst.
„Das darf nicht wahr sein", sagte mein Onkel sehr ernst. Ich gehe mal zu ihm hin, das ist eine einzige Tierquälerei, ich kann das nicht mit ansehen. Er wird heute was von mir zu hören bekommen."
„Nein Zé, lass das gefälligst sein, der ist kein guter Mensch, er ist immer bewaffnet – du suchst nur Ärger! Das sind seine Pferde, dafür hat er was bezahlt und wir können nichts dagegen tun", erwiderte meine Mutter und wollte ihn von seinem Vorhaben abhalten.

Mein guter Onkel war schon ein paar Mal vorbestraft, der kannte schon alle Polizeireviere und den Knast der Stadt auswendig. Mein Großvater hatte ihn mit zwei Jahren adoptiert, weil dessen Mutter ihn schon sehr früh geschlagen hatte, ihn alleine zu Hause ließ, während sie sich bis spät in die Nacht hinein beim Tanzen vergnügte. Das kleine Kind blieb alleine und schrie die ganze Nacht über. Also, das konnten mein Großvater und meine Großmutter damals nicht mehr mit ansehen und haben das Kind adoptiert, die Mutter hatte für sich und für die ganze Stadt getrunken.

Zé, wie wir ihn so genannt hatten, war ein sehr freundlicher Junge, aber schon früh bekam er Ärger mit der Polizei. Es kam in Bars in der Stadt immer wieder zu Streitereien, mit Diebstahl und anderen Delikten fing er schon sehr früh an. Aber solche Ungerechtigkeiten, wie der Pferdemann mit seinen Pferden umging, das konnte er nicht ertragen und musste sich deshalb sofort einmischen. Es war klar, dass das dann selbstverständlich sofort mit Ärger verbunden war. Mein Onkel hatte immer wieder betont:

„Ich bin der Robin Hood von Mogi das Cruzes, ich sorge für die Gerechtigkeit bei den armen und unterdrückten Menschen in unserer Stadt."

Das war er – ein sehr guter Mensch mit gutem Herzen und Gerechtigkeitssinn, aber manchmal sehr naiv. Also, mein Onkel ging raus – er war sehr kräftig gebaut und konnte sehr gut kämpfen, aber der Pferdemann war auch ein Typ, der bei der Polizei nicht unbekannt war.

Der Mann hatte ausgerechnet an diesem Tag wirklich denkbar schlechte Laune gehabt, sehr laut geschrien und ohne Gnaden auf die Pferde eingeschlagen. Mein Onkel bekam vielleicht eine Wut! Er rannte dem Mann hinterher, sprang auf seine Karosse und warf ihn schnurstracks auf den Boden. Er konnte es nicht fassen, was er da gesehen hatte!

Bei uns hatte der Pferdemann schon etwas zu sagen gehabt, aber nun hat er jemand getroffen, der seinen Mund nicht halten konnte, das war eben mein Onkel. Der Mann knallte auf den Boden wie eine reife Wassermelone.

Mein Onkel stieg aus der Karosse aus und schrie um Wasser für die Pferde.

„Bringt schnell Wasser für die Pferde, die brauchen dringend welches, sonst verdursten sie bald!"

Da kamen wir sofort mit zwei Eimern voller Wasser und beide Pferde haben sofort alles leer getrunken. Sie haben es dann wohl genossen, dass der Pferdemann auf dem Boden lag und sich kaum bewegen konnte. Ich hatte den Eindruck, dass die Pferde sogar lachten.

Der Mann benötigte sehr viel Zeit, um wieder hoch zu kommen, sein Kopf blutete, aber kein Mensch kümmerte sich um ihn oder empfand gar Mitleid. Er konnte kaum laufen, ihm tat alles weh. Mein Onkel schrie ihn an:

„Du bist ein Esel, du bist eine Bestie, du bist ein richtiges Monster, das bist du! Du hast kein Recht, so mit diesen armen Tieren umzugehen, ab heute ist Schluss damit! Wenn du hier vorbei kommst und deine Pferde schaffen den Berg nicht mehr hoch, dann hast du gefälligst auszusteigen und den Pferden zu helfen, den Berg hoch zu kommen, anstatt sie zu schlagen, ist das klar?"

Aber der Pferdemann war voller Hass und konnte kaum hören, was mein Onkel sagte. Mit letzter Kraft und voller Zorn holte er gegen meinen Onkel aus – doch mein Onkel war nicht von gestern und hatte schon so eine Reaktion erwartet – in dem Moment drehte mein Onkel sich um, sprang in die Luft hoch und traf den Pferdemann präzise mit beiden Füßen auf seine Brust. Da lag nun der Pferdemann wieder am Boden und alle lachten über ihn. Doch er wollte nicht aufgeben, sprang wieder auf und eilte schnell zu seiner Karosse, um was zu holen. Plötzlich kam er mit einem Messer zurück. Die Kinder und Erwachsenen fingen an, zu zittern. Gerade in diesem Augenblick hatte mein Onkel nicht genau aufgepasst, weil er mit den Pferden beschäftigt war. Als ich sah, wie der Mann plötzlich mit einem Messer meinem Onkel entgegenging, hatte ich so laut wie ich nur konnte, wie eine wilde Gans geschrien:

„Onkel aufpassen, da – hinter dir! Aufpassen, Onkel!"

Damit rettete ich wohl das Leben meines Onkels Zé. Der war wirklich ein guter Kämpfer, und ohne Zögern packte er den Mann an den Armen, vollzog schnell ein paar Luftdrehungen und das Messer fiel zu Boden. Mein Onkel hob es auf und warf das Mordobjekt blitzschnell gegen unsere Haustür, wo es wie ein Pfeil stecken blieb. Es war wie im Wilden Westen bei Cowboys und Indianern. Ich war mächtig stolz auf meinen Onkel, so wollte ich später auch einmal kämpfen können, dabei hatte Onkel Zé niemals eine Karate-, Kung-Fu- oder Tae Kwon Do Academy besucht. Seine vielen Streitereien auf der Straße schienen seine beste Schule gewesen zu sein.

Der Pferdemann wollte natürlich nicht so einfach klein beigeben und war nicht mehr zu bremsen. Er näherte sich meinem Onkel wie ein Boxer. Doch er veranstaltete lediglich eine wilde Schlägerei in der Luft, ohne auch nur die geringste Chance zu haben, meinem Onkel eine verpassen zu können. Mein Onkel verlor daraufhin die Geduld und gab dem Kutscher vorsichtshalber noch eine auf die Nase, um den Kampf zu beenden. Der Pferdemann war außer sich. Blut lief von seinem Gesicht herunter.
„Der Kampf ist aus und wir gehen nach Haus", so dachte ich mir zumindest.

Der Pferdemann war nun endgültig nicht mehr in der Lage, aufzustehen und blieb da neben seinen Pferden liegen. Keiner verspürte auch nur annähernd das Bedürfnis, ihm zu helfen, er sollte da liegen wie eine Bestie. Die Leute waren schon lange zornig auf ihn, weil er nicht einmal seinen eigenen Tieren gegenüber Respekt erwies, deswegen waren die Leute froh, dass endlich einmal einer kam und Ordnung machte, der dem Pferdemann zeigte, wie der Hase läuft. Ja, die Pferde hatten bestimmt das ganze Schauspiel ebenso genossen und erhofften sich jetzt Besserung.
„Jetzt werden wir endlich Ruhe hier im Stall haben." Und so lag nun der Pferdemann immer noch auf dem Boden und schämte sich, wie alle Leute da so auf ihn schauten und niemand Mitleid verspürte. Selbst die Pferde schienen sich zu amüsieren.

Vielleicht hat der Pferdemann durch diesen Vorfall endlich seine Lektion gelernt, dass jedes Wesen auf unserer Welt, ob Pferd, Maus oder Ameise, seinen individuellen Wert hat, zur Schöpfung Gottes gehört und daher unser aller Respekt verdient und nicht einfach so misshandelt werden kann. Alle wollen nur leben – manche kürzer, andere wiederum länger und sehr lang, viele Jahre, wie die Schildkröten oder Papageien – alle wollen in Frieden leben, so auch die Pferde.

Seit jenem Tag haben wir den Pferdemann nie mehr bei uns in der Stadt gesehen.
Unter den Leuten wurde erzählt, der Pferdemann habe seine Pferde mit der gesamten Karosserie verkauft und sei aus unserer Stadt gezogen. Mit so einer Schande wollte er wohl nicht mehr unter uns verweilen.

Leider hatte Onkel Zé immer Pech in seinem Leben gehabt, die Polizei war ihm stets auf den Fersen. Sobald irgendwelche Vorkommnisse in der Stadt waren, wurde mein Onkel sofort festgenommen, oft ohne Grund, und da landete er wiederum für ein paar Tage oder sogar Wochen im Knast. Mein Großvater musste schon immer viel Geld ausgeben, um ihn wieder auf freien Fuß zu bekommen. Seine Mutter ist sehr früh an Leberzirrhose gestorben. Er hatte niemals schlecht über seine Mutter geredet, ganz im Gegenteil, für ihn war sie schon eine tolle Mutter gewesen, die ihm stets Gerechtigkeit beibrachte. Trotz dass sie ihm schon sehr früh Zuckerrohrschnaps gab, damit sie tanzen gehen konnte, trotzdem hat er ihr verzeihen können und nie schlecht über sie geredet. Er hat seine Mutter geliebt und niemals für irgendwas beschuldigt, nahm sie sogar stattdessen stets bei jeder Gelegenheit in Schutz, war sie doch sehr jung gewesen, als sie das Baby bekam, eben erst 16 Jahre alt. Sie musste schon so früh alleine leben und für den Lebensunterhalt als Prostituierte kämpfen.

Onkel Zé ist eines Tages umgezogen, man sagt, er wäre nach Santos, das ist eine sehr große Hafenstadt bei Sao Paulo und liegt am wunderschönen Meer, dahin sollte er umgezogen sein, seitdem habe ich ihn nie mehr gesehen, er kam auch nie mehr nach Mogi das Cruzes, um uns zu besuchen. Heutzutage, wenn er noch lebt, muss mein guter Onkel Zé schon ein sehr alter Mann sein. Ich kann kaum daran glauben, dass er alt geworden ist. Für mich wird er immer der gleiche junge Mann bleiben, der gegen den Pferdemann gekämpft hatte. Er war für mich ein Vorbild. Jemand, der von dem Leben kam und für das Leben da war, für sich und für jeden. Jemand voller Liebe im Herzen, jemand der vergeben konnte und für die Gerechtigkeit sorgte, die ihm seine Mutter beigebracht hatte. So jemand trifft man unter uns heutzutage sehr selten, der stets den Engel der Vergebung und des Friedens bei sich hat. Gott sei mit ihm und dem Pferdemann.

Jedes Wesen ist einzigartig,
keiner gleicht dem anderen,
und doch trägt jeder das GANZE in sich.

Unsere Erfahrungen in dieser Welt
sind so unterschiedlich,
wie es verschiedene Wesen gibt.

Jeder trifft andere Entscheidungen,
wie er auf gegebene Umstände reagiert.
Mit welcher Haltung wir Entscheidungen treffen,
ist von großer Bedeutung.

Wozu dienen mir meine Begegnungen?
Welche Vorstellungen habe ich von meiner Welt?
Inwiefern kann ich aus meinen Lektionen lernen?
Bin ich mit der LIEBE verbunden?

Das sind Fragen, die sich jeder für sich
immer und immer wieder stellen darf.

Fühlen wir uns im inneren Frieden?
Uns verbunden mit dem größeren GANZEN?
Dann sind wir unserer Rückerinnerung sehr nah.

Wenn wir es schaffen, niemanden mehr auszugrenzen,
wir Frieden schließen können
mit all unseren Umständen, Begegnungen und Erfahrungen,
von Vorurteilen und Bewertungen Abstand nehmen
und erkennen, alles ist immer richtig und dient nur dazu,
unseren Geist zu schulen:

Frieden zu fühlen,
Frieden, der in einer Welt der Dualität nicht erklärbar ist.

Eltern sind nur Wesen,
Die auch Fehler machen.
Unseren Eltern zu verzeihen
Ist der bessere Weg,
Den wir gehen können,
Eines Tages
Selber bessere Eltern zu sein.
Auf unser angebliches Recht
Zu bestehen
Und die Schuld auf unsere
Eltern zu verlagern,
Sie zu beschuldigen
Für alles Negative, das wir
In unserem Leben erlebt haben,
Ist keine Lösung und führt zu nichts,
Es führt uns nur in die Sackgasse
Des Misserfolgs und der Unzufriedenheit.
Unsere Eltern sind auch einmal
Sehr jung gewesen,
Genau wie wir es jetzt sind.
Nun, um Eltern zu sein oder zu werden
Gibt es keine richtige Gebrauchsanweisung –
Man kommt so in diese Rolle,
Ohne die Grundausbildung zu absolvieren.
Es kann vieles schief gehen,
Es kann vieles passieren.
Man kann nur beten, dass Gott uns dabei hilft,
Nicht die gleichen Fehler zu machen,
Die unsere Eltern gemacht haben.
Und wenn es soweit kommt
Können wir nur beten, dass unsere Kinder
Eines Tages bereit sind uns auch zu verzeihen.
Wir sind Kinder
Und Eltern des Lebens selbst!

Eltern sind immerfort
Bestandteil meines Wesens.
Meine Eltern zu lieben und zu ehren
ist Voraussetzung dafür,
mich selbst wahrhaftig
lieben und ehren zu können.

Eltern tragen all die Gene vergangener Vorfahren in sich,
sind geprägt von Gesellschaftsformen ihrer Zeit,
und entwickeln eigene Vorstellungen und Überzeugungen,
die sie nach bestem Wissen und Gewissen
ihren Kindern zu vermitteln versuchen.
Symbolisieren so das Leben
mit all seinen Facetten und Formen.

Möge ich meine Kraft und meinen Willen dafür verwenden,
meinen Eltern und all meinen Vorfahren zu vergeben,
für all die Anklagen, die noch offen sein mögen,
für all den Schmerz, den ich womöglich
durch sie erfahren musste,
für all den Frust, der in mir noch spürbar sein mag.

Und wenn ich aus mir selbst die Kraft nicht finde,
möge ich beständig um Unterstützung bitten,
meine Eltern in einem anderen Licht wahrzunehmen.
In dem Licht, das ihnen würdig ist.
Mögen sich all mein Schmerz,
meine Anklagen und Urteile
auflösen im LICHT SEINER LIEBE.

Möge ich mit Dankbarkeit
die schwierigste Aufgabe meiner Eltern
würdigen und wertschätzen.
Ein Kind zu begleiten,
und dabei nie zu vergessen,
selbst Kind gewesen zu sein.

Vor der Aufgabe zu stehen,
einem Kind das mitzugeben,
was sie vielleicht selbst sich erträumt haben.
Einem Kind all die Liebe zu geben,
wozu sie fähig sind,

um dann zu erkennen,
dass Kinder eigene Wesen sind,
mit eigenen Gesetzen
mit eigenen Vorstellungen,
und nicht so formbar, wie Eltern es gerne hätten.

Und möge in mir wieder die Verantwortung wachsen,
dass ich darauf vertraue,
mir die Eltern ausgesucht zu haben,
die in meinem Leben genau die Impulse setzen,
die es braucht, um in meine Kraft zu kommen.
Impulse, die es braucht, um mich auf die Suche zu begeben.
Die Suche nach der WAHRHEIT in mir,
die Suche nach SEINER Führung.

Voller Liebe und Dankbarkeit erkenne ich nun an,
Eltern sind immerfort Bestandteil meines Wesens,
meine Eltern zu lieben und zu ehren ist die Voraussetzung,
um mich selbst wahrhaftig lieben und ehren zu können.
Ich danke meinen Eltern für das Geschenk meines Lebens,
und ich liebe und ehre sie dafür,
dass sie immer ihr Bestes gegeben haben.

Die Shaolin Mönche sagen:
„Ein Kämpfer kennt keinen Zorn,
Ein Verlierer kennt keinen Hass."

Wie oft müssen wir in unserem Leben
Immer wieder feststellen,
Dass es außer uns auch andere Verlierer gibt.
Wir sind nicht alleine in diesem täglichen Kampf.

Das Leben andererseits
Ist wie eine grüne Wiese,
Wo alles gedeihen kann.
Pflanzen wir dort Donner,
Dann werden wir Blumen
Nicht unbedingt ernten können.

Ja, das Leben ist ein Spielplatz,
Eine Wiese voller Überraschungen.
Die Sonne kommt und geht,
Sie fragt nicht warum, und wie spät es ist.

Komm, gib mir deine Hand –
Laufen wir für immer und immer
Auf dieser grünen Wiese,
Wo der Engel der Hoffnung auf uns wartet.

Gib mir deine Hand,
Der Weg ist sehr weit.
Wir werden nirgends ankommen,
Aber es wird schön sein,
Einfach so, zusammen
Mit dir, Seite an Seite
Mit dir laufen zu können –
Du und ich, ich und du.

Wir haben uns für dieses Erdenleben entschieden,
wollten uns selbst erfahren und begegnen.

Haben die Trennung Wirklichkeit werden lassen,
unsere Sinne – ein perfekter Lieferant
getäuschter Wahrnehmungen.

Ließen eine Welt entstehen aus vielfachen Formen,
eine Welt, in der es Verlierer und Gewinner gibt.

Der Verlierer darf sich freuen,
trug er doch zum Glück des Gegners bei.
Was für ein Geschenk,
auf jeder Ebene dienen zu können.

Die Welt, ein Ort des Geschehens.
Wie wir die Welt wahrnehmen, entscheiden wir selbst.

Nachdem wir all unsere Erfahrungen
in vielerlei Formen durchlebt haben,
holt uns die Sehnsucht ein,
die Sehnsucht – zurück in unser
WAHRES ZUHAUSE.

Unser Sehnen sucht und ergreift
die Hand eines Engels –
der Engel der Vergebung
geleitet uns nach HAUSE –
zurück zu unser aller EINSSEIN.
ZURÜCK zu DIR.

Handle nicht aus dem Bauch heraus,
Handle nicht aus deinen blinden Emotionen,
Aber bau in dir auch nicht
Eine Seele aus Granit oder aus Stein.
Treib dich nicht herum
Wie ein Stück Holz.
Lass deine Entscheidung
Nicht nur aus reinen Emotionen
Im Alltag entstehen.

Nun, hör auf deinen Geistführer,
Der hat dir sehr viel zu sagen.
Sei bereit, dich führen zu lassen.

Aus Emotionen kann
Wut entstehen.
Du wirst plötzlich blind
Und du kannst deinem Gefühl
Nicht mehr folgen
Und es auch nicht kontrollieren.

Denk über alles
Immer zweimal nach...
Und das ist immer noch zu wenig.

Sei dir deiner Denkweise bewusst,
Handle nicht aus dem Bauch,
Handle vor allem nicht
Aus deinen blinden Emotionen.

Ich handle immer dann aus
meinen blinden Emotionen heraus,
wenn meine Gedanken dem Ego-Geist,
der Angst entspringen.

Wut, Schuld, Trauer
und all der unterdrückte Schmerz,
all die unterdrückten Wahrnehmungen,
all die unterdrückten Deutungen
brodeln und gären in meinem Inneren.
Der Dampf raubt mir die klare Sicht
und macht mich blind.

Das geht solange,
bis ich eine Situation im Außen wahrnehme,
die mich impulsiv zum Handeln zwingt,
die ich für meinen Gärprozess verantwortlich machen kann.
Situationen, auf die ich nun all meinen Schmerz projiziere,
und mir dadurch Erleichterung verschaffe,
zumindest meine ich das!
Doch nur für kurze Zeit, denn der Kessel steht immer noch im Feuer
und wartet nur auf neue Zutaten, die sich zum Gären eignen.

Ich darf wissen, ich kann mich jederzeit anders entscheiden,
es bedarf nur einer kleinen Bereitschaft,
der Bereitschaft, innezuhalten,
mich zu beobachten und dabei zu erkennen:
„Ich mag nicht, wie ich mich fühle!"
Ich hoffe deshalb, dass ich Unrecht hatte, und will
von nun an die Dinge anders auf mich wirken lassen,
in jeder Situation, die mir begegnet.
Ich bin bereit, neue Wege zu gehen,
mich zu beobachten, zu üben und zu vertrauen.
Ja, ich bin bereit!

Ein Mensch kann nur wieder lieben
Und ehrlich mit sich selber sein,
Wenn er die schlechten Erfahrungen
Aus der Vergangenheit
Ganz und gar begraben kann.

Eine neue Liebe darf nicht
Das Ersatzgefühl einer
Vergangenen Beziehung sein.

Bau in deine neue Beziehung nicht
Auf den Sand der Vergangenheit,
Mach Schluss mit allem, was schon war.
Das Tor der Vergangenheit
Kann sehr schmal oder gigantisch sein,
Das liegt an dir, wie du es siehst.

Eine feste Burg ist unser Gott.
Diese Burg darf nicht
Auf unbefestigtem Sandboden
Und aus Wind und Regenbogen
Gebaut werden.

Bau in deine feste Burg
Große Fenster,
So groß wie dein Leben selbst
Sein kann.
Schau von oben nach unten
Und lach über alle Menschen,
Die dich einmal verletzt haben.
Mach aus deinem Tag ein festliches Lied
Genau wie das Lied von J. G. Walther:
„Eine feste Burg ist unser Gott."

Lass dich nicht stören,
Sing doch aus deiner vollen Kraft!
Du bist alleine.
Keiner will hören,
Ob du falsch oder gut singen kannst.

Ein Mensch kann nur wieder lieben
Und ehrlich mit sich selber sein,
Wenn er die schlechten Erfahrungen
Aus der Vergangenheit
Ganz und gar begraben kann.

Sing auch das Lied der Hoffnung.
Eine neue Beziehung
Braucht schon dafür gute Stimmung.

Bau deine neue Beziehung
Ebenso wie deine Burg
Auf festen Boden und auf Gottesvertrauen.
Der Herr lässt dich nicht im Stich,
Der Engel der Hoffnung
Der will immer bei dir sein.
Er kann dich auf Armen tragen,
Wenn du wieder tief fällst,
Wie es schon früher einmal war.

Denk daran
Und wie Dietrich Bonhoeffer
So gut beschrieben hat:
Du bist durch das Leben
So oft getragen worden.
Die festen Spuren auf Sand
Die du siehst,
Dies sind nicht deine Spuren,
Sondern von deinem Engel.
Er trug dich weiter und weiter,
Als du nicht mehr alleine
Weiter kommen konntest.

Ein Mensch kann nur wieder lieben
Und ehrlich mit sich selber sein,
Wenn er die schlechten Erfahrungen
Aus der Vergangenheit
Ganz und gar begraben kann.
Dann kann das Leben beginnen
Und fortgesetzt werden,
Ohne, dass der Henker der Vergangenheit
Immer sein Schwert zeigen muss.

Eine feste Burg – das solltest auch du sein!

Einen Menschen lieben heißt,
sich vollkommen EINS mit ihm zu fühlen.

Sich selbst in ihm erkennen zu können,
seiner tiefen Liebe durch ihn Form zu geben
und Ausdruck zu verleihen.

Wenn ich jedoch meine,
nur durch ihn bekommt mein Leben einen Sinn,
nur durch ihn fühle ich mich endlich ganz.

Wenn das meine Vorstellung ist,
meine tiefste Überzeugung über eine Partnerschaft,

dann holen mich die Lektionen der Zeit,
die Lektionen der Gewohnheit bald ein.

All meine verdrängten, abgespaltenen Anteile
werden allmählich durch meine „bessere Hälfte" sichtbar.

Die Überraschung lässt nicht lange auf sich warten,
meine rosaroten Wolken entschleiern sich.

So habe ich mir das nicht vorgestellt,
mein Partner entpuppt sich als „Mogelpackung!"

Ich will zurück in mein gefühltes Einssein,
in meine vertraute Zweisamkeit.

Ich will zurück ins Paradies!

So lass ich ihn fallen von seinem Thron,
auf den ich ihn gestellt habe.

Meine ihm auferlegten Masken
zerbröckeln im Tageslicht des Alltags
und ich fang von vorne an,
bin wieder auf der Suche nach meiner Ganzheit,

nach dem Teil in mir, der noch so unvollkommen ist,
der noch fehlt.

Vielleicht lasse ich mich auf meiner Reise
noch auf ein paar „Mogelpackungen" ein,

vielleicht lasse ich mich noch ein paar Mal
durch meine Sinne und durch meine Vorstellungen täuschen:

Solange, bis ich genug habe.
Solange, bis ich bei mir selbst angelangt bin.

Das Ende einer langen Reise.

Endlich bin ich soweit,
all meine verlorenen, verdrängten
und abgespaltenen Anteile
zu mir zurück zu nehmen.

Die Engel der Vergebung, die Engel des Friedens
unterstützen mich auf meinem neuen Lebensweg,
mich selbst in meiner Ganzheit zu erkennen.
Was für ein Geschenk.

Ich fühle mich wie neugeboren,
ich brauche meine Ganzheit nicht im Außen zu suchen.

Habe ich doch die Quelle in mir entdeckt,
aus der ich beständig schöpfen kann.

Meine Quelle, die durch den HEILIGEN GEIST gespeist wird,
durch die allumfassende LIEBE, die alles verbindet,
durch meinen Geistführer, durch die Engel...

Ich habe die Wahl, mir auszusuchen,
wie ich meine wundersamen „Lieferanten" nenne.

Von nun an habe ich die freie Wahl
aus meiner befreiten Geisteshaltung.

Entpuppe ich sofort jede „Mogelpackung",
jede Versuchung im Außen
und lasse mich nur noch auf den Inhalt ein –
mit Hilfe SEINER Deutung.

Ich brauche keinen Partner mehr,
um mir meiner Ganzheit bewusst zu werden.

In dem Moment, in dem ich etwas nicht mehr brauche,
bin ich nicht mehr auf der Suche,
das macht mich in den Augen Suchender
begehrenswert... bewundernswert...

Und so werde ich vielleicht zur „Mogelpackung"
für die Lebensgefährten,
die selbst noch an ihrer Ganzheit zweifeln.

Solange, bis auch sie sich auf die Reise begeben –
Die Reise zu ihrer inneren Quelle,
Die Reise zu ihrer Ganzheit.

Das Gefühl von Hass
Verrostet unsere Herzen.
Vergebung dagegen
Ist ein wunderbares Gefühl.
Es ist wie das Pflanzen
Frischer Blumen
In unserem vertrockneten Garten.

Hass lässt unser Herz verschließen,
unser Leben gleicht einem Vakuum.
Mögen wir bereit sein, unser Herz zu öffnen,
darin viele Samen der Vergebung zu pflanzen,
um den Rahmen zu erschaffen,
der all unsere Erfahrungen,
all unsere Begegnungen
zum Erblühen bringt –
im LICHT SEINER LIEBE.

Ich will nicht dich oder jemand anders
Für alles was zwischen uns war
Jetzt oder irgendwann
WEITER BESCHULDIGEN.

Ich habe schon die Vergangenheit
Ganz tief begraben können –
Es war eben sehr schwer.
Zum Glück, der Engel der Vergebung
Hat mich wieder auf die Erde gebracht.
Ich habe ein neues Leben angefangen
Und in dir kreist immer noch dein Hass
Und kannst nicht vergessen
Und kannst nicht vergeben.

Denk daran, dass wir damals
Zwei verwirrte Menschen waren,
Vollkommen in den Krallen
Des täglichen Stresses und der Spannung.

Komm runter von deinem Baum,
Du bist kein Affe, um da oben zu bleiben.
„Hier und Jetzt" ist die Erde,
Da oben hast du gar nichts zu suchen.
Finde wieder den Boden
Unter deinen eigenen Füßen.
Es ist Zeit zu vergeben
Und ein neues Leben anzufangen.
Häng nicht an deinem angeblichen Recht,
Außer dir will kein Mensch mehr
Was noch davon wissen.

Die Scheidung ist schon durch,
Du bist ein freier Mensch.
Such jemanden, der zu dir passt
Und vergiss nicht unsere Kinder,
Die uns so sehr noch brauchen.
Komm wieder runter von deinem Baum,
Bleib nicht da oben hängen
Wie ein verwirrter Affe
Der nicht weiß, warum so viele Menschen
In den Zoo des Lebens kommen.
Finde wieder den Boden
Unter deinen Füßen,
Ob du das noch schaffst?
Ohne Vergebung wird es schwer sein –
Sehr schwer mein Kind,
Das sage ich dir!

Möge ich um die Kraft bitten,
vergeben zu können.
In dem Moment,
wo ich selbst von ganzem Herzen vergeben kann,
ist der andere frei geworden.
Frei zu tun, was er für richtig hält.
Weder Urteile noch Bewertungen
begleiten ihn durch mich.
Ich sehe den anderen im LICHT SEINER LIEBE.
Und glaube an die Vollkommenheit all dessen,
was er erfährt.
Und auch ich bin frei geworden,
frei zu tun, was ich mir wünsche,
frei von allen Bewertungen, Vergleichen
und Urteilen,
frei aus dem Quell SEINER LIEBE
in mir zu schöpfen
und die Vollkommenheit all dessen,
was auch ich erfahre, wieder zuzulassen.

Das Leben könnte
Ein friedlicher Kampf sein,
in dem der Beste gewinnt,
Ohne kämpfen zu müssen.
„Wer nicht kämpfen muss,
Der hat schon gewonnen."

Jede Begegnung bringt mich mit Gewinnern in Verbindung,
dies ist eine Entscheidung in meinem Geist.
Jede Begegnung gibt mir die Gelegenheit,
mein EINSSEIN mit IHM zu feiern.
Ich will mich dafür entscheiden,
nur Gewinner wahrzunehmen.
Dann habe ich alle meine Lektionen gelernt,
und all die Begrenzungen durch Raum und Zeit
verlieren an Bedeutung.
Die Lebensschule ist vollendet.
– Mein EINSSEIN mit allem beginnt in meinem Geist! –

Neid entsteht aus Minderwertigkeit.
Wer sich groß und unbesiegbar fühlt,
Der hat keinen Grund, neidisch zu sein.
Wer im Schatten von anderen Menschen lebt,
Der kann nicht zufrieden sein
Mit dem, was er hat,
Sondern er will haben,
Was die anderen mit Mühe erreicht haben.

Ein Löwe frisst, was er gefangen hat,
Eine Hyäne dagegen wartet,
Bis was liegen bleibt,
Damit sie auch fressen kann.

Wie die Hyänen sich verhalten,
Verhalten sich auch die Menschen,
Die Neid im Herzen tragen.

Sei keine Hyäne, sondern
Ein starker Löwe
Der jagen kann
Und nicht wartet,
Bis ein Rest von fauligem Fleisch bleibt,
Um sich satt essen zu können.

Immer mein Bestes zu geben
und Vertrauen zu haben
in die Richtigkeit all dessen,
was ich in jedem Moment erfahre,
ist sicherlich eine große Kunst.
Letztendlich bedarf es aber genau dieser Haltung,
wenn ich ein ausgeglichenes und zufriedenes
Leben führen möchte.

Und so bitte ich die Macht der LIEBE,
mich immer dann zu führen,
wenn die Versuchungen allzu groß werden,
mich von äußeren Umständen
abhängig zu fühlen,
mich selbst klein zu machen,
durch Vergleiche mit meinen Mitmenschen.

VATER bitte hilf mir,
meine Lebenssituation
wieder im LICHT DEINER LIEBE
wahrnehmen zu können.
Hilf mir, mich für alle Menschen zu freuen,
die mir ein Vorbild sind
und gib mir die Kraft wieder zu erkennen,
dass ich jederzeit mein Bestes gebe.

Wer seinem Feind nicht vergeben kann
Und schlecht über ihn immer wieder
Wie ein Wasserfall sprechen muss,
Und noch dazu pausenlos bei jeder Gelegenheit
Das Thema auf den Tisch bringt,
Der zieht einen gewaltigen
Negativen Einfluss an sich
Und kann bald vielleicht nicht mehr schlafen.

Vergeben, begreifen und tolerant sein
Wirkt wie Schlaftabletten,
Man schluckt und bekommt seine Ruhe.
Nun, oft kommt vieles uns entgegen,
Dass wir nichts dagegen tun können,
Außer sich Zeit zu lassen und zu warten.

Gott sieht alles!
Nichts geht unbemerkt
An ihm vorüber.

Schaff deinen Frieden heute, sofort und jetzt.
Das ist es nicht wert,
Über jemanden schlecht zu reden,
Der uns was getan hat.
Ein Feind gehört nicht
In der Küche auf den Tisch
In unser Wohnzimmer,
Und auch nicht in die Vitrine,
Sondern in den Abfalleimer.
Vergessen und vergeben,
Vergeben und leben!

„Meine Lippen sollen überströmen von Lobpreis,
denn du lernst mich deine Gebote" (Taw 172) Psalmen

Was bedeutet Vergebung für mein Leben?

Es ist so einfach, die Schuld im Außen zu suchen – und das schließt sogar mich ein als die Person, als die ich mich definiere. Da gibt's letztendlich gar keinen Unterschied.

Dem einen mag es leichter fallen, die Schuld bei seinen Mitmenschen zu suchen: „Du bist schuld..., Du hast mir das angetan..., ohne Dich hätte er mich nicht verlassen..., ohne Dich hätte ich meine Arbeitsstelle noch, sein Vertrauen, meine Kinder, seine Liebe..."
Ich darf mich dabei immer fragen: „Stimmt das wirklich? Kann ich absolut sicher sein, dass es richtig ist, wie ich darüber denke? Können wir das, was unsere Lebensaufgabe ist, tatsächlich so klar vorhersagen und uns sicher sein?

Anderen mag es leichter fallen, die Schuld bei sich selbst zu suchen: Ich bin schuld..., was bin ich für ein Versager..., für ein unvollkommener Mensch..., was hab ich nur angestellt..."
Deren introvertierte Wut auf sich selbst wirkt sich im Außen aus und bringt sie mit Umständen oder Menschen in Verbindung, die ihnen genau ihre Vorstellungen von sich spiegeln.

Im Grunde genommen gibt es keinen Unterschied zwischen diesen beiden Aussagen. Ob ich mich selbst anklage, oder die Schuld bei meinen Mitmenschen suche, ob ich mich als Täter sehe oder mich als Opfer fühle. In beiden Fällen fühlen wir denselben Schmerz und geben äußeren Umständen Macht über uns. In beiden Fällen darf ich mich fragen: „Stimmt das? Kann ich absolut sicher sein, dass das stimmt...?"
Und ich darf meine Gedanken in Frage stellen.

Wenn ich die Schuld im Außen suche – sei es in Anklage oder Selbstanklage – mache ich meinen Frieden immer von äußeren Umständen abhängig. Je stärker ich mich oder die anderen verurteile, umso schwerer fällt es mir, eine vergebende Haltung einzunehmen – und der Wunsch zu beschuldigen lässt uns im illusionären fundamentalen Opferdasein zurück.

Wenn uns das klar wird, haben wir schon einen großen Schritt in Richtung geistigem Erwachen erreicht und wir beginnen vielleicht den Gedanken zuzulassen: O.K., alles was mir begegnet, hat immer etwas mit mir zu tun und dient mir immer als Chance zum inneren Wachstum und zur Heilung meiner geistigen Ausrichtung."

Arme Menschen träumen von Luxus.
Für Reiche, für Millionäre,
Die alles zu haben scheinen,
Könnte der Wunsch nach Spiritualität
Auch ein großer Luxus sein,
Den sie nicht leicht erreichen können.
Sicher, mit dem Geld
Lässt sich vieles kaufen,
Aber manche Wünsche bleiben
Für immer unerreichbar.
Sei dir deiner menschlichen Pflichten bewusst.
Die Augen sehen vieles,
Aber das Herz ist das Licht,
Das alles zur Geltung bringt,
Genau wie die Nacht,
Die in der Dunkelheit
Dem Mond Leben schenkt.
Die Spiritualität schenkt uns
Licht des Lebens,
Die Sonne und den Mond.
In unserem eigenen Horizont.
In unserem privaten Himmel.
Sei reich an Gedanken,
Sei reich an Freundschaft,
Sei reich an guten Erfahrungen,
Sei reich an Kenntnissen,
Sei reich, wie ein Mensch sein sollte.
Der Reichtum der Erde
Hat mit unserem spirituellen Leben
Gar nichts zu tun,
Vor Gott sind wir alle reich.
Reichtum steckt nicht in der Hosentasche,
Sondern ganz tief in unseren Herzen:
Da drin wohnt Gott
Und Gott braucht keinen Ferrari.

Verbinde Dich immer
mit der LIEBE in Deinem Herzen,
dem Quell Deines Ursprungs.

Lass Dich nicht ablenken
von den Verlockungen der Welt,
den vielen Impulsen des Vergleichs.

Fühle Dich allezeit verbunden
mit der Liebe in Deinem Herzen,
die beständig in Dir und durch Dich
zu allen Wesen pulsiert.

Gott hat die Erde in sieben Tagen erschaffen,
Weil er das Wort Stress
Nicht kannte
Und auch weil er alles auf Computer
Nicht berechnen musste.

Er hat keine Ehefrau
Und auch keine Schwiegermutter,
Sonst wäre Gott mit seinem Wunderwerk
Immer noch nicht fertig.

Ja, wir haben Pech gehabt!
Siehst du?
Selber Schuld!

Was wäre, wenn die Erde nur eine Schule wäre?
Eine Schule, um die STIMME des HEILIGEN GEISTES
hören zu lernen?

Die STIMME des HEILIGEN GEISTES,
die mich herausruft
aus dem Sumpf der Dualität,
dem Königreich von Sünde, Schuld und Angst.

Die STIMME des HEILIGEN GEISTES –
Würde ich sie hören wollen?

Mögen SEINE Worte
sich in die Welt ausdehnen.

Jeden Winkel im Herzen der Menschheit
erstrahlen lassen im LICHT SEINER LIEBE.

Mögen wir uns öffnen und unser Spiegelbild
in all unseren Begegnungen wahrnehmen,

uns vergeben für all die Missverständnisse,
die uns unsere Sinne glauben ließen,

uns vergeben für all die Deutungen und Urteile,
die unser Verstand uns lehrte.

Der Engel der Vergebung ist stets an unserer Seite,
der Engel der Hoffnung gibt uns Mut zu neuen Ufern.

Mögen wir von nun an in jeder Begegnung
SEINE HERRLICHKEIT erkennen,

im LICHT SEINER LIEBE baden,
und unser aller EINSSEIN feiern.

Vergrab nicht deine Seele und deinen Geist
In der Wüste der Wut und des Zorns.
Vergrabe nicht deine Seele und deinen Geist
In der Wüste der Erinnerung.
Vergrabe nicht deine Seele und deinen Geist
In der Wüste der Vergangenheit.
Lass die Toten auf dem Friedhof schlafen
Und sorge für dein lebendiges Leben
Auf unserem wunderschönen Planeten.
Führ deinen Weg
Wie der Mond und die Sonne,
Die sich jeden Tag treffen.
Aber jeder lässt den anderen in Ruhe,
Keiner steht dem anderen im Weg.
Respektiere dein Revier
Und das Revier von anderen Menschen.
Vergrabe nicht deine Zeit mit Dingen,
Die nicht so wichtig sind wie du denkst,
Auch wenn es scheint, wichtig zu sein.
Vergrabe nicht deine Seele und deinen Geist
In der Wüste der Resignation.
Nimm dein Schicksal und deine Existenz
In die Hand und führe fort
Die Aufgabe, die Gott dir gegeben hat.
Vergrabe nicht deine Seele und deinen Geist
In der Wüste der Trägheit.
Vergeben wirkt wie Wasser
In einer Wüste, in der dein Körper
Letzten Endes wegen jeder Kleinigkeit
Oft sehr leiden muss.
Zuerst erkrankt die Seele
Und danach erkrankt der Körper.

Wenn es soweit ist,
Ist die Rückkehr zu einem gesunden Leben
Dann sehr schwierig.
Gib deiner Seele genügend Zeit,
Um sich zu entfalten.
Sei das Kind Gottes in dir –
Für jetzt und für die Ewigkeit.

Z052 Conny Zahor

Nimm das Geschenk Deines Lebens an,
verweile nicht in einer Vergangenheit,
die Du nicht ändern kannst,
noch in einer sorgenvollen Zukunft,
die aus ängstlichen Gedanken entsteht.

Fühle die KRAFT in Dir, im HIER und JETZT zu leben.
Fühle die KRAFT in Dir, die es Dir möglich macht,
Dein Leben zur Entfaltung zu bringen,
Deine Wahrnehmungen zu ändern:
„Es ist nie zu spät,
eine glückliche Vergangenheit gehabt zu haben!"

Fühle die KRAFT in Dir,
das Leben entstehen zu lassen,
zu dem GOTT Dich berufen hat.
Gib der FREUDE in Dir eine Chance
und lass SIE durch Dich fließen
in all Deinem Denken, Fühlen und Wirken.

Verbinde Dich mit der KRAFT in Dir
und nimm Dein Leben in die Hand.
JETZT!

Manchmal kommen wir
In einen verzweifelten Moment,
Indem wir sagen müssen:
Das ist nicht das Leben,
Das ich mir gewünscht habe.
Es lastet auf einmal auf unseren Schultern
Viel zuviel Druck,
Den wir kaum ertragen können.
Dann haben wir den Eindruck,
Nicht stark genug zu sein,
Um alles ertragen zu können
Und alles tragen zu müssen.
Wir denken, die anderen erwarten
Immer und immer viel zu viel von uns.
Dann sagen wir vielleicht sogar:
Jeder will was von mir, das ist so den ganzen Tag.
Die lieben Mütter erleben dieses Phänomen
Jeden Tag und das sehr gut, zum Beispiel:
Mama, wo sind meine Socken?
Mama, meine Hose ist immer noch nass!
Mama, ich finde mein Matheheft nicht!
Mama, was essen wir heute?

Nun, wenn es soweit kommt,
Dann ist Zeit für ein Gebet
Und Zeit für eine Meditation.
Beides macht uns kräftig und stark.
Für unsere Aufgabe als Mutter, als Vater
Oder im Büro bei unseren Kollegen
Müssen wir manchmal
Auf vielen Hochzeiten gleichzeitig tanzen.

Nun, wenn es soweit kommt,
Lass die Musik klingen.
Du hast nur zwei Füße.
Gib deinen Füßen Flügel.
Deine Seele wird folgen.
Setz dich selbst nicht unter Druck,
Sonst kannst du eines Tages platzen.
Sei die Ruhe in dir selbst.

In dem Moment,
in dem mir alles über den Kopf wächst,
und ich das Gefühl habe,
niemandem gerecht werden zu können,
in dem Moment
ist es am Wichtigsten
stillzustehen, innezuhalten.
Immer nach dem Motto
„Wenn ich es eilig habe,
mache ich einen Umweg –
einen Umweg zu mir selbst!"

Ich werde jetzt besonders langsam
in allem, was ich tue.
Nehme mir das Wichtigste zuerst vor
und freue mich über jeden Schritt, den ich mache.
Über jeden kleinsten Schritt in Richtung Ergebnis,
das ich erreichen möchte.

Die Freude an kleinen Schritten
gibt mir Kraft,
ist der Motivator zum Weitermachen
in kleinen Schritten,
mit kleinen Pausen.

Pausen, in denen ich immer wieder
stillstehe, innehalte.
Meine Gedanken beobachte,
und ich mich ausrichte:
„Was ist mein nächster Schritt,
was braucht`s?"

Vielleicht ist mein nächster Schritt,
für meine Tochter da zu sein.
Indem ich ihr meine volle Aufmerksamkeit schenke,
ohne meine Gedanken schon bei anderen Dingen zu haben,
die alle noch erledigt werden möchten.

100-prozentig da zu sein, wo ich gerade bin,
und diese Vorgehensweise nicht in Frage zu stellen.
Nicht darüber nachzudenken,
was andere denken, wie ich auf andere wirke.
Sofort zu vergeben, wo es den Anschein hat,
etwas versäumt zu haben.
In der Gewissheit,
jederzeit mein Bestes gegeben zu haben.

Das ist der Schlüssel zum Glück.
Wenn ich keine höheren Erwartungen an mich stelle,
werde ich Erwartungen im Außen
auch nicht mehr in der Art wahrnehmen,
dass sie mich unter Druck setzen,
denn ich weiß:
„Ich gebe immer mein Bestes!"

Beim Schlafen entdecken wir
Die Zeit der Ruhe.
Wer schläft, der sündigt nicht.
Jeder weiß, dass in der Ruhezeit
Die Kraft der Natur liegt.
In der Winterzeit zum Beispiel –
Da holen die Pflanzen viel Kraft,
Die sie brauchen
Für einen wunderschönen Frühling.
Jeder weiß, in der Ruhe
Da liegt die Kraft, die wir für unseren Tag
So gut gebrauchen können,
Um alles gut und schön zu gestalten.
Ruhe ist ein Gottesgeschenk,
Das wir mit dem ganzen Herzen
Zu uns nehmen sollten,
Nach einem vollen Tag
Mit Computer, Telefon und Verpflichtungen.
Wenn der Abend kommt,
Dürfen wir endlich mal schlafen.
Alles vergessen und eintauchen
In eine andere Welt,
Eine Welt der Phantasie und der Vergebung.
Wer eine Ruhezeit sich gönnt,
Der verbindet sich
Mit der Kraft des Universums,
Der verbindet sich
Mit dem inneren Zentrum
Unserer lieben Erde.
Schenk dir Ruhe
Nicht nur zum Schlafen,
Sondern immer wieder
Und zu jeder Zeit.
Gott sei mit dir
In der Ruhe und in turbulenten Zeiten!

Wozu dient mir die Zeit?
Die Vergänglichkeit meines Körpers zu erkennen.
Wo bin ich, wenn ich schlafe?
Bin ich überhaupt wach?
Weshalb erscheinen mir Träume so real?
Weil ich in einem Traum lebe.
Was bedeutet das Leben für mich?
Eine menschliche Erfahrung zu machen.

In einer begrenzten Zeit gönne ich mir Ruhezeiten.
Ich möchte mein Leben zur Entfaltung bringen,
wie eine Raupe zu einem wunderschönen Schmetterling,
wie eine Zwiebel zu einer leuchtenden Lilie.

In einer begrenzten Zeit gönne ich mir Ruhezeiten.
Ich möchte für meinen Geist ein Tempel sein,
ein Tempel der Nützlichkeit.
Der Nützlichkeit für den ALTAR GOTTES
des GÖTTLICHEN in mir.

In einer begrenzten Zeit gönne ich mir Ruhezeiten.
Ich möchte GOTT in mir Raum geben,
seinen Weckruf wahrnehmen,
SEINE LIEBE durch mich fließen lassen,
damit SIE alle Wesen erreichen mag,
alle Wesen erinnern mag.

In einer begrenzten Zeit
gönne Dir Ruhezeiten,
um die HERRLICHKEIT GOTTES in Dir
zur Entfaltung zu bringen.

Unser Leben braucht
Eine evolutionäre Antriebskraft.
Wir benötigen eine Harmonieenergie,
Die uns zu unserem Ziel hin
Antreiben soll.
Die Bereitschaft meines Geistes,
Für die anderen da zu sein,
Bereichert meine Seele und meinen Geist,
Und dadurch kann ich nur glücklich sein.

Von ganzem Herzen sende ich
Die Segnung des Universums
An alle, die mich so sehr brauchen.
Ich kann nicht,
Körperlich gesehen, überall sein,
Aber meine Gedanken und Seelenenergie
Kann ich soweit bringen,
dass ich bei jedem, der mich braucht,
Immer präsent sein kann.
Ich kann mich in Gedanken so sehr spalten,
dass ich überall sein kann,
Wie die Luft, der Wind und die Sterne.
Ja, ich habe diese Antriebskraft in mir
Und jederzeit kann ich darauf zugreifen.

Ich fühle mich heute
Göttlich und unheimlich stark.
Ich habe die evolutionäre Antriebskraft,
Die ich für mein Leben so sehr brauche,
In mir selbst entdeckt
Und schenke sie weiter
An alle, die mich brauchen.
Dies bereichert meinen Körper,
Meinen Geist und meine Seele,
dies macht mich glücklich!

Ich bin davon überzeugt,
dass ich immer zur richtigen Zeit
am richtigen Ort bin.

Bei all meinen Begegnungen
bin ich mir bewusst,
immer gleichzeitig Schüler und Lehrer zu sein.

All meine Begegnungen,
sei es körperlich oder im Geist,
sind von großer Bedeutung für mich.

Meine empfundene Lebensfreude
wirkt ansteckend auf all meine Mitmenschen
und motiviert zu liebevollen Ausdehnungen.

Sobald wir uns dafür öffnen,
unsere Liebe durch uns fließen zu lassen,
sind wir unseres EINSSEINS gewahr,
sei es körperlich oder im Geist.

Wir sind die Protagonisten des Lebens
Und Gott ist der Regisseur.
Ja, Gott der Allmächtige Gott,
Der über uns alles kommandiert.
Das Theaterstück hat schon lange begonnen,
Wähle deine Rolle in diesem Drama aus.
Das Publikum wartet ungeduldig darauf,
Das Publikum ist immer bereit, über uns zu lachen –
Tragödien kommen auch sehr gut an,
Ja, wir sind nur Protagonisten.

Unsere Aufgabe in diesem
Theater und der Kunst des Lebens
Besteht darin,
Einfach mitzuspielen.
Keiner wird was gewinnen, keiner!
Mensch ärgere dich nicht
ist nur ein Spiel.
Spiel doch mit!
Gott schaut gern zu
Und amüsiert sich,
Wie du auf die Nase
Immer mal wieder fällst.

Wir sind die Protagonisten des Lebens
Und Gott ist der Regisseur –
Derjenige, der unserem Marionettenstück
Einen schönen Namen gegeben hat
Und das heißt: Leben!
Ja, ein schönes Drama namens Leben.

Das Spektakel findet immer wieder statt.
Heute und morgen und immer weiter...
Auf unserem neuesten Programm
Bist du wie ein echter Superstar
Jeden Tag zu sehen.
Gib dein Bestes, Mann,
Spiel doch mit, es macht Spaß,
Gott schaut gerne zu.

Z056  Conny Zahor

VATER, lass mich meine Rollen
in diesem Spiel des Lebens erkennen.
Lass mich fühlen – die Verbundenheit
mit allen Wesen,
die doch beständig EINS mit mir sind,
lass mich im Einklang sein,
mit dem, was ich erfahre
und unterstütze mich darin,
meinen Geist zu heilen
– mich zurückzuerinnern
an das GEWAHRSEIN der ALL-EINHEIT
jenseits all meiner Rollen.

Sorge dich nicht wegen morgen,
Sorge für dein Leben im Jetzt.
Für morgen wird schon Gott sorgen!
Um ein erfolgreiches Leben erreichen zu können,
Brauchen wir schon ein bestimmtes Ziel,
Sozusagen wie einen kleinen Fahrplan
Etwas planen, aber nicht das Leben verplanen,
Nicht soweit durchplanen,
Dass alles in einer Schiene verlaufen muss.

Eine bestimmte Richtung
Sollten wir schon im Alltag ansteuern,
Eine Richtung geben, die uns motiviert,
Mal hinzukommen,
Wo wir ankommen wollen,
Zu einer bestimmten Zeit,
Zu einem bestimmten Ziel.

Nur keine sture Planung
Wie aus einem Reisekatalog,
Wie es viele Menschen machen
Und 20 Jahre lang immer wieder
Jahr für Jahr in der gleichen Ferienwohnung
Oder Pension landen.
Das muss wirklich nicht sein.

Die Krankheit namens Sorgen
Ist ein tödlicher Virus.
Ständig über Dinge zu klagen
Und dabei auch ohne richtigen Grund
Sich Sorgen machen... ,
Dass irgendwas
Nicht richtig geschehen könnte,
Dass irgendwas
Nicht zu erreichen wäre,

Ohne es wirklich ausprobiert zu haben,
Das macht nur unser Leben schwieriger
Und könnte uns bis zum Versagen bringen.

In unserer Existenz
Klappt alles wunderbar zu circa 98 Prozent,
Das hat schon Osho gesagt,
Dann wegen 2 Prozent,
Die einem nicht so vorkommen, wie wir wünschen,
Machen wir aus unserem Leben
Eine richtige Hölle.

Viele Menschen beginnen
Fast alle Sätze mit einem „aber",
Und das ruft negative Gedanken hervor.
Andere wiederum verwenden das Wort „Problem"
Und äußern sich gerne wie:
Ja, das Problem ist...,
Das ... könnte ein Problem geben,
Daraus könnte ein Problem entstehen.

Leben sollte kein Problem sein,
Sondern ein Paradies voller Lösungen.
Mach dir keine Sorgen um den Tag danach,
Sorge dich nicht wegen allem was noch kommt,
Sei zufrieden mit dem Jetzt
Und mit dir selbst.
Lebe mit Freude, und denk daran,
Man lebt nur einmal,
Und wenn man tot ist
Dann schläft man für immer –
Ja für immer und immer,
Dann schläft man, ohne einen Wecker zu gebrauchen,
Ohne sich zu ärgern,
Dass das Auto im Winter nicht anspringt.

Fang deinen friedlichen Tod schon jetzt an,
Warte nicht bis du tot bist,
Um im Frieden mit allem Geiste
Des Universums zu leben –
Die Zeit dafür ist schon da,
Danach wird es zu spät sein.

Z057 Conny Zahor

Ich verbinde mich zu jeder Zeit
mit der FÜLLE in meinem Leben,
die wie eine nie versiegende Quelle
in mir zuhause ist.

Das Leben ist dazu da,
aus dieser Fülle zu schöpfen.

Und wenn sich doch einmal
Sorgen in meine Gedanken verirren,
wenn meine Ziele
nicht meinem Wunsch entsprechen,

dann lass mich dies sofort berichtigen
und erkennen, dass die Fülle auch darin
für mich enthalten ist.

Ich lasse meinen eigenen Wunsch sterben,
bevor er von selber stirbt,
Ich gebe mein „Ich", meine „Gedanken" vertrauensvoll
in DEINE OBHUT
und fühle mich geborgen in der Hand meines SCHÖPFERS,
eingebettet in die FÜLLE meines Daseins.

Warum sollte ich mich umbringen,
Wenn so viele Menschen mich lieben?
Warum sollte ich mich umbringen,
Wenn auch ich so viele Menschen liebe?
Es gibt leider viele Brüder und Schwestern,
Unsere Mitmenschen, die oft über Selbstmord
Reden oder darüber nachdenken.

Meine Mutter zum Beispiel
Wiederholte oft vor ihren Kindern:
„Irgendwann werde ich mich
Vor einen Zug werfen."
Wir wohnten damals nicht weit weg
Von den Eisenbahnschienen
Und das hat uns schon Sorgen gemacht,
Machte uns Kinder sehr ängstlich,
Ängstlich, was mit der Mama passieren könnte.

Unser Vater hatte nur gelacht,
Das imponierte ihm gar nicht.
Er lebte ohne Sorgen
Und hatte immer was zu lachen.
Mein Vater war ein Buddha – Verehrer.
Nichts brachte ihn aus der Fassung,
was für ein Glück für uns Kinder.
Regen war für meinen Vater schön.
Wenn die Sonne am Himmel schien,
Dann machte er seine Siesta
Und schlief in Ruhe einen ganzen Nachmittag,
Wenn er nicht bei der Arbeit war.
Ja, der war vielleicht ein Buddhist
Ohne genau zu wissen, was Buddhismus ist.

Man muss auch nicht genau wissen,
Was Buddhismus oder Katholizismus ist,
Lebe im Hier und Jetzt und in Frieden –
In Frieden mit allen Menschen und allen Wesen,
In Frieden mit dem Universum
Und in Frieden mit dir selbst –
Genauso hat es mein Vater getan.

Warum sollte ich mich umbringen,
Wenn so viele Menschen mich lieben,
Warum sollte ich meinem Leben
Plötzlich ein Ende setzen,
Wenn ich so viele Menschen kenne,
Die auch genau wie ich begeistert leben.

Nur Gott darf ein Ende unseres Lebens setzen.
Lebe in Frieden mit dir selbst,
Dann wirst du niemals daran denken,
Deinem eigenen Leben ein Ende setzen zu müssen.
Dafür gibt es keinen Grund.
Leben ist da, um zu leben.

Lebe wie mein Vater,
Der wusste nichts von Sorgen,
Wut oder Zorn.
Er ist schon in Frieden gestorben
Und wird auf unsere Erde
Eines Tages wiederkommen.
Ich glaube, er wartet schon gespannt darauf,
Seinen Sohn mal wieder zu sehen –
Dann werde ich auch nicht mehr da sein.

Ja! Mein Freund,
Leben ist da, um zu leben.
Alles ist vergänglich, sogar das Leben selbst.
Auch wenn manche denken
sie leben ewig, und andere denken,
Es wäre besser, sich unter einen Zug zu werfen,
das gehört auch zu unserem Leben.
Selbstmord ist auch keine Lösung,
Sondern nur eine Pause in unserer Existenz.

Für alles hat es seine Zeit,
Auch für unsere begrenzte Zeit auf unserem Planeten.
Alles hat seine Zeit!
Selbstmord ist keine Lösung,
Der Zug fährt weiter und weiter!

Sich umzubringen heißt,
auf sein Ego zu hören,
seinen letzten Trumpf auszuspielen,
GOTTES MACHT zu usurpieren.
Siehst du, ihr seid schuld,
was habt ihr mit mir gemacht oder
ich bin schuld –
ich bin nicht würdig, hier zu sein.

Wie auch immer,
beide Haltungen entspringen demselben Ego.
Das Ego flüstert unaufhörlich:
„Suche, Suche... ." (aber finde nicht!)
In diesem Fall:
„Bei dir ist alles hoffnungslos,
setz deinem Leben ein Ende,
bevor Gott es tut!"

Diese Handlung entspringt unserem tiefsten Irrglauben.
Den Irrglauben an einen strafenden Gott:
Wir haben gesündigt,
nun sind wir schuldig,
Gott verfolgt uns und wird sich rächen,
die Angst treibt uns in diese Welt.

Diese Welt bezeugt unsere Sündhaftigkeit.
Leiden und Sterben liefern den Beweis
und wir glauben daran und verehren unser Ego.
Hinterfragen nicht mehr.
Sind Gefangene dieser Welt.
Gefangene in einer Höhle.
Geben uns mit Schattenbildern an der Wand zufrieden.
Hinterfragen nicht mehr.

Doch manche Gefangene geben nicht auf,
sind unaufhörlich auf der Suche.
Suchen einen Ausweg aus der Höhle.
Einen Ausweg ins Licht.
Suchen solange, bis sie nicht mehr suchen müssen,
bis sie das LICHT gefunden haben.

Ihre unaufhörliche Suche
brachte den Funken zum Entzünden.
Erleuchtet von nun an ihr Herz.
Die Geburt CHRISTI LICHT erfolgt im Inneren,
das GEWAHRSEIN GOTTES ist erwacht.
Die Suche hat ein Ende.
Das Ego verliert immer mehr an Bedeutung.
Sein unaufhörliches Rufen:
„Suche weiter, suche, suche...!",
entlockt uns nur ein kleines Lächeln.
Das Leben bekommt von nun an
eine andere Bedeutung.
Wir haben den Funken in unseren Herzen
zum Erleuchten gebracht.

Mögen wir von nun an das LEUCHTEN in uns
zum STRAHLEN bringen,
und uns unser tatsächliches GEWAHRSEIN
in Erinnerung rufen,
das nur LIEBE ist,
nichts als reine, bedingungslose, immerwährende LIEBE.

Mögen wir von nun an lächeln,
lächeln über die Stimme des Ego,
das nur sein eigenes Überleben durch uns zu sichern sucht,
durch sein ständiges Rufen:
„Suche, Suche, Suche weiter... ." (aber finde nicht!)

Die Heilige Lurdes von Plata do Norte

Maria de Lurdes war ein kleines Mädchen, das schon klein auf die Welt gekommen war und später auch für immer klein blieb. Die Mutter war eine Mulattin und der Vater stammte aus Portugal, ein kräftiger Mann im Alter von 45 Jahren, Bäckermeister in einer kleinen Bäckerei in der Stadt von Plata do Norte. Kein Mensch wusste, warum der Ort Plata do Norte so einen seltsamen Namen bekommen hatte. Uralte Bewohner der Stadt erzählten, dass, als der erste Bauer des Ortes einmal in eine finanziell sehr schwierige Situation geriet, ihm ein entfernt verwandter Onkel aus Nordbrasilien eine beträchtliche Erbschaft hinterließ und dadurch den Bauer rettete, der dann auch sehr viel für die Stadt tun konnte. Der Mann wurde kurze Zeit später Oberbürgermeister und regierte die Stadt 40 Jahre lang mit oder ohne Wahl. Alle acht Jahre gab's zwar eine Wahl, aber wer ihn nicht gewählt hatte, wurde von seinen Mitarbeitern verfolgt, bekam beispielsweise keine Baugenehmigung, die einzige Bank, die es in der Stadt gab und welche auch in den Händen des Oberbürgermeisters war, gewährte demjenigen auch keinen Kredit usw. und so war die Person dann auch gezwungen, die Stadt zu verlassen, wenn diese den Oberbürgermeister nicht wieder bestätigte. So war er viele Jahre in Plata do Norte geblieben. Nicht ganz passend war der Name für eine so bezaubernde Gegend, in welcher der Mensch im Einklang mit der Natur war, aber durch Maria de Lurdes wurde die Stadt dann berühmt wie keine andere weit und breit.

Das Mädchen Maria kam im Alter von fünf Jahren zur Schule, damals wäre die Einschulung erst im Alter von sieben Jahren erlaubt gewesen, aber die Mutter konnte mit dem Mädchen zu Hause nichts mehr anfangen. Mit fünf Jahren konnte Maria schon alles lesen und schreiben und auch ihrem Bruder Manuel, der acht

Jahre alt war, schon bei seinen Hausaugaben helfen. Wenn der Bruder Schwierigkeiten mit Mathe oder in einem anderen Fach gehabt hatte, nahm sie das Heft, las alles gründlich durch und kannte schon die entsprechenden Lösungen und wusste alles auswendig. Insofern meinte die Mutter, das Mädchen müsse mit fünf Jahren sofort eingeschult werden. Und so kam sie dann in die Grundschule, nach drei Monaten in der ersten Klasse war sie dann direkt in die zweite versetzt worden, doch auch da war die Klassenlehrerin mit ihr überfordert. Maria wusste einfach viel zu viel von allem und aufgrund dessen bekam die Lehrerin eines Tages die Krise, setzte das Mädchen vor die Tür und rief den Schuldirektor.

„Ich flippe hier durch, das Mädchen macht mich verrückt, sie erzählt Dinge, die kein anderer Mensch weiß, das Mädchen ist paranoid, sie muss umgehend aus meiner Klasse, ansonsten werde ich krank. Entweder sie ist ein Phänomen oder ich bin blöd. Die anderen Kinder nehmen mich nicht mehr ernst, immer wenn ich was sage, korrigiert sie mich und macht mich lächerlich, oder die Schüler fragen Maria de Lurdes, ob es wahr wäre, was ich sage. Maria ist zweifellos ein außergewöhnliches Kind, ich bin vollkommen davon überzeugt, aber bitte nicht in meinem Klassenzimmer, ich habe keinen Platz in meiner Klasse für solch außergewöhnliche Wesen, von mir aus kann sie direkt aufs Gymnasium gehen, ich mache das nicht mehr mit, Herr Direktor, mir reicht es. Finito, basta. Niente... .“

„Frau Frida, haben Sie etwas Geduld mit ihr, sie ist schon ein braves Mädchen, wohin sollte ich sie tun? Ich kann sie nirgendwo hinschicken, wir haben nur eine erste und eine zweite Klasse in unserer Schule, was soll ich machen?“

„Tun sie das Mädchen direkt in die dritte Klasse, da gehört sie hin, von mir aus auch in die vierte Klasse – aber bei mir bleibt sie keine Stunde mehr. Ansonsten drehe ich durch und komme nicht mehr in die Schule.“

Der Direktor wusste, dass die Drohung der Lehrerin ernst zu nehmen war und er musste eine Lösung dafür finden.

„Schon gut, Frau Frida, ich werde mit Ihrer Kollegin sprechen und mal sehen, was Frau Oscari davon hält; es ist gegen unser Gesetz, so was zu machen, ein Mädchen mit fünf direkt in die dritte Klasse zu geben. Unser Schulministerium wird damit sicherlich nicht einverstanden sein. Das wird Ärger geben."

„Machen Sie, was Sie wollen, aber sie bekommt von mir ab heute ab sofort keinen Unterricht mehr. Ansonsten kündige ich, wenn das so weiter geht", entgegnete die Lehrerin unmissverständlich.

Mitten im Gespräch unterbrach Maria de Lurdes den Schuldirektor und meinte aufgeregt:

„Herr Bruno, bei Ihnen im Büro blendet was, bitte gehen Sie schnell hin!"

„Was sagst du? In meinem Büro blendet etwas?"

„Ja, Herr Direktor, Sie müssen schnell hin!"

„Mein Gott, Mädchen, du hast Recht, mein Kind, ich habe Milch für meinen Kaffee kochen lassen, mein Gott, mein Büro geht gleich in Flammen auf, danke, Maria de Lurdes, aber woher weißt du das?"

„So ist das, Herr Direktor, sie weiß einfach alles und weiß auch Dinge, die wir nicht wissen, das meine ich!", rief die Lehrerin völlig nervös.

Der Direktor rannte schnell hin und die ganze Küche war eine einzige Wolke, er hatte auf seinen Schreibtisch eine kleine improvisierte Kochplatte gestellt und daneben lagen viele wichtige Papiere und Dokumente, und als er mit eiligen Schritten herbei eilte, war es ihm kaum möglich, das Büro zu betreten, alles war voller Flammen, niemand hatte etwas bemerkt und man konnte von weitem auch nichts sehen. Aber wie konnte Maria de Lurdes das wissen? Wie konnte das Mädchen so etwas ahnen und wahrnehmen, war sie doch weit von dem Gebäude entfernt. Auf jeden Fall grenzte es an ein Wunder, was das Mädchen getan hatte. Die

Nachricht verbreitete sich in Windeseile durch die ganze Stadt und über das gesamte Land. Maria de Lurdes hatte eine Geschichte begonnen, die sich viele Jahre auch weit über ihren Tod hinaus fortsetzte.

Für die Versetzung in die dritte Klasse hatte das Kultusministerium eine Prüfung angeordnet, der sich das Mädchen unterziehen sollte. Eine Kommission von sieben Lehrern musste gemeinsam mit dem Mädchen eine öffentliche Prüfung ablegen, in der Maria über verschiedene Dinge befragt werden sollte, um beweisen zu können, dass sie das zweite Schuljahr wirklich überspringen könne. So veranstaltete die Schule eine öffentliche Prüfung, der jedermann in der Stadt beiwohnen durfte. Erneut fand in der Stadt ein Ereignis statt, das hierzulande selten zu sehen war. Die Stadt war normalerweise wie ausgestorben, doch diese einmalige Gelegenheit, das Mädchen zu erleben und zu bewundern, nahmen circa 700 Leute wahr. Die Lehrer stellten abwechselnd Fragen, welche das Mädchen stets ohne nachzudenken beantwortete.

Plötzlich, mitten in der Prüfung, fing das Mädchen an, zu schweigen, alles war unheimlich still. Gefasst redete sie:
„Wir müssen nach Hause. Ein Tornado kommt uns entgegen, in 30 Minuten wird ein Regen vom Himmel herunter prasseln, wie wir es hier noch nie erlebt haben. Der Fluss wird alle Häuser unserer Stadt überschwemmen, alle müssen Schutz suchen, so einen Regen haben wir hier in Plata do Norte noch nie gesehen."
Alle waren besorgt und der Herr Pastor von einer Freigemeinde, wie es viele in Brasilien gibt, erhob sich und sagte.
„Ich würde sagen, wir führen die Prüfung fort, das Mädchen will sich nur verdrücken und weiß, dass sie mit ihrem Latein am Ende ist. Ich glaube nicht an ihre außergewöhnlichen Fähigkeiten, das grenzt schon an Gotteslästerung, was sie macht, und überhaupt ist alles eine Sache vom Teufel. Wir sollten damit aufhören, solange

es noch nicht zu spät ist. Dass sie im Voraus sagen konnte, dass ein Brand im Büro unseres Schuldirektors war, das war nur Spekulation, sie hatte bestimmt was gerochen oder was gespürt, sonst gar nichts. Sie ist ein Scharlatan, eine Lügnerin."

Der brasilianische Pastor der Freikirche war auf einmal sehr wütend, denn er wusste, dass das Mädchen eine Gefahr für sein Image war, vor solchen Phänomenen hatte seine Kirche Angst gehabt.

Im Saal war es plötzlich still, man hätte eine Stecknadel fallen hören. Niemand wagte was zu sagen. Ein Bauer mit seinen 150 Kilogramm Leichtgewicht erhob sich und bestätigte, was der Pastor von sich gab, dann brach eine heftige Diskussion im Saal aus. Diese hielt nicht lange an, denn Maria de Lurdes trat zielstrebig ans Mikrophon und richtete ihre Stimme gegen den Herrn Pastor, der ihr bewusst keinen Glauben schenken wollte:

„Herr Pastor, Ihr Sohn ist schon fünf Jahre alt und Ihre Geliebte wartet auf Sie, Ihr Sohn wohnt sehr weit entfernt von hier, er ist leider schwer erkrankt und Ihre Geliebte hat kein Geld mehr, um den Arzt aufsuchen zu können, Sie sollten am besten sofort hingehen."

Das war das Letzte, was das Mädchen äußern konnte. Der Oberbürgermeister stand empört auf und drohte dem Mädchen:

„Maria de Lurdes, wenn du weiterhin solche Behauptungen von dir gibst, wirst du aus unserer Stadt verbannt, solche Anschuldigungen dürfen wir nicht gegen unseren Herrn Pastor stellen, weißt du um Himmels Willen, was du tust? Ich warne dich eindringlich, meine Tochter. Wiederhole so was nie wieder, hast du gehört?"

„Aber das ist wahr, Herr Oberbürgermeister, unser Herr Pastor hat insgesamt drei Kinder und zwei Geliebte, und das schon seit vielen Jahren, er besucht sie immer regelmäßig, wenn er sagt, er geht zum Seminar oder muss eine andere Gemeinde aufsuchen."

„Das ist unerhört, Herr Schuldirektor und Herr Oberbürgermeister, so was können wir in unserer Stadt nicht dulden, verbannt das

Mädchen sofort aus der Stadt!" Der Pastor war so erregt, seinem Ton konnte man entnehmen, dass schon eine bestimmte Wahrheit in den Anschuldigungen stecken musste. Völlig unkontrolliert befahl der Herr Pastor:

„Also, das Mädchen und ihre Familie müssen sofort aus unserer Stadt verschwinden und sollten sich hier nie mehr blicken lassen. Das ist eine Schande für unsere Stadt, ich fordere die Verbannung dieses Mädchens aus unserer Stadt, ich werde den Fall höchstpersönlich an unseren Bischof melden, sie wird niemals wieder eine Kirche einer Freigemeinde betreten dürfen!"
Das Publikum war mucksmäuschenstill wie nie zuvor, der Herr Pastor hatte schon große Macht in der Stadt gehabt.
„Was meinen Sie, Herr Polizeichef, was sollten wir mit unserer Maria de Lurdes machen?", fragte der Oberbürgermeister hilfesuchend, der bei diesem Theater nicht mehr wusste, was das alles zu bedeuten hatte und dem die Situation allmählich zu entgleiten drohte.
„Lieber Herr Oberbürgermeister, ich als Polizeichef unserer Stadt habe kein Recht und keine Möglichkeit, ein so kluges Mädchen zu verurteilen, machen Sie, was Sie wollen. Nun, meinerseits kann ich die Richtigkeit der Worte bestätigen, dass der Herr Pastor seit über zehn Jahren drei Kinder und zwei Geliebte hat, da hat bisher allerdings niemand danach gefragt. Das ist auch nicht die Aufgabe eines Polizisten, so was zu klären, das ist vielleicht eine Sache des Bischofs. Aber wenn der Herr Pastor schon unbedingt einen Brief an den Herrn Bischof schreiben will, und das wegen Maria de Lurdes, um sie aus der Kirche zu verbannen, dann müssen die Bürger unserer Stadt schon auch für die Gerechtigkeit sorgen und die Gerechtigkeit bedeutete im Moment, dass wir alles klären sollten und in diesem Fall vielleicht eher unseren Herrn Pastor bitten sollten, die Stadt zu verlassen und Maria de Lurdes bleibt hier. Er kann auch freiwillig gehen oder wir könnten den Fall weiterleiten. Der

Herr Pastor sollte selbst entscheiden, was er will. Am besten tritt er selbst von der Kirche aus und sucht sich einen anderen anständigen Beruf aus, bei dem er sich mehr um seine Kinder kümmern kann, aber in unserer Kirche hat er meiner Ansicht nach nichts mehr verloren." Das Publikum war empört, auf einmal war das Mädchen nicht mehr die Hauptperson dieses ganzen Affentheaters, sondern der Pastor. Der Mann, ganz rot im Gesicht, stürmte zur Bühne, griff das Mikrophon und fing an, über Sünden und Unwahrheiten zu predigen, und für ein paar Minuten herrschte tatsächlich absolute Ruhe im Saal, bis eine alte Dame aufgesprungen war und sich mit leiser, sehr liebevoller Stimme äußerte:

„Der Herr Pastor ist schuldig, ich weiß, dass er drei Kinder mit zwei verschiedenen Frauen hat, ich konnte diese Lüge all diese Jahre nicht mehr ertragen; einmal bei der Beichte, bei ihm in der Kirche, wollte ich das gewissenhaft mit ihm besprechen, er hat mich dann aber sofort aus der Kirche weggejagt und mir gedroht, wenn ich solche Gotteslästerung weiterhin erzählte, käme ich in die Hölle und er zeige mich dann auch bei der Polizei an. Ich hatte Angst bekommen und deshalb mit niemandem mehr darüber gesprochen. Nun bin ich froh und erleichtert, mich jetzt und hier davon befreien zu dürfen. Gott möge mir verzeihen. Aber eines muss ich dem Herrn Pastor schon zugute halten, er hat sich stets rührend um seine Kinder gekümmert und sorgt immer noch gut für sie. Ich bin davon überzeugt, dass er unter anderen Umständen ein liebevoller Vater sein könnte, allerdings war er bis jetzt kein wirklich guter Pastor. Der Herr Polizist hat Recht, er sollte sich einen anderen Beruf suchen, um klar und frei sich um Frau und Kinder kümmern zu können, in der Kirche sehe ich ab jetzt keinen Platz mehr für ihn."

Keiner wagte was zu sagen, die Dame war wohl bekannt in der Stadt, sie hatte die einzige Apotheke gehabt und konnte die Menschen sehr gut mit Medikamenten und Kräutern versorgen, so ein

Mensch hätte kein Motiv zu lügen. Aber wie könnte man das beweisen, wer waren diese drei Kinder und deren Mutter?

„Frau Mirella, können Sie das beweisen?", fragte der Oberbürgermeister sehr nervös. „Sie wissen, das ist eine sehr schwere Anschuldigung gegen unseren Pastor."

„Ja, Herr Oberbürgermeister, ich kann es beweisen!"

„Wenn das so ist, wir geben Ihnen drei Tage Zeit, um das entsprechende Beweismaterial bei uns im Rathaus vorzulegen, ansonsten müssen wir Sie wegen Falschaussage verklagen!"

„Herr Oberbürgermeister, ich brauche keine drei Tage dafür, ich kann es sofort beweisen, eines seiner Kinder ist heute hier anwesend. Wenn Sie wollen, kann ich es zeigen."

Niemand wagte, auch nur einen Ton von sich zu geben, alle waren sprachlos. Der Pastor wusste nicht mehr, wohin er sein Gesicht nehmen sollte. Er stand auf, versuchte erneut, die Aufmerksamkeit auf sich zu lenken, um noch zu retten, was es noch zu retten gab und brüllte durch die Gegend:

„Meine lieben Brüder und Schwestern, als ich vor 30 Jahren in diese Stadt gekommen war, gab es hier richtiges Chaos, es gab weit und breit keine Ordnung hier in dieser Stadt, nur mit meiner Liebe, meinen aufopfernden Taten und mit Gottes Worten konnte ich vieles für Plata do Norte erreichen. Wie oft telefonierte oder schrieb ich an unsere Zentrale, um Hilfe zu erbitten, meine Gebete wurden auch stets erhört. Nur deswegen leben wir heute in einer Stadt voller Frieden und Liebe, und dies sollten wir nicht durch unqualifizierte Aussagen von ein paar Verrückten gefährden und aufs Spiel setzen. Sie können mich nicht für etwas beschuldigen, das nicht der Wahrheit entspricht, ich habe keine Kinder in die Welt gesetzt und habe auch keine Frau – Gott bewahre, ich kenne diese Frauen, die versuchen, sich aufzuspielen, jemand will Profit aus diesen ganzen Beschuldigungen ziehen. Derartige Anschuldigungen hat es auch schon woanders gegeben und ich bin zuversichtlich, dass sich hier bei uns bald, und zwar sehr bald, alles restlos aufklären wird. Gottes Gerechtigkeit ist groß, in einer anderen Stadt, nicht weit weg von hier, ist vor nicht allzu langer Zeit dasselbe passiert und Gottes Gerechtigkeit hat bewiesen, dass Gott auf unserer Seite steht und hier wird dasselbe sein. Bitte Frau Mirela, beweisen Sie es, was Sie jetzt behaupten, Sie sagten, sie hätten mit mir in der Kirche darüber geredet, das ist auch eine Lüge, Sie sind eine Lügnerin und haben nicht das Recht, sich Gläubige zu nennen. Ab sofort haben Sie in unserer Kirche Hausverbot. Ich fordere Sie hier und sofort auf, alles, was Sie gesagt haben, zu beweisen, ansonsten werde ich die Sache an das Gericht weiterleiten und die Angelegenheit wird Ihnen sehr teuer zu stehen kommen. Jetzt haben Sie die Sprache verloren, nicht wahr?" Entrüstet sprang der Herr Pastor von einem Bein zum anderen.

In dem Moment trat ein Junge, es war ein hübscher Junge, circa acht Jahre alt, mit seiner Mutter auf die Bühne. Die Mutter nahm das Mikrophon und meinte sehr ängstlich:

„Ich bin die Mutter dieses Kindes, sein Vater, wie bereits mehrfach erwähnt, hat bis jetzt sehr gut für uns gesorgt, aber er musste damals anonym bleiben. Damals, als ich schwanger wurde, ist eine Lüge erfunden worden, um alles zu vertuschen, da der Vater aufgrund seines Berufes, oder sagen wir wegen seiner Berufung seiner väterlichen Verantwortung nicht nachgehen und gerecht werden konnte. Der Vater war und ist der Herr Pastor der hiesigen Freigemeinde, der hier und heute unter uns ist und laut schreit, dass alles eine Lüge sei. Er hat schon meine Eltern belogen und überzeugte sie davon, mich weit weg zu schicken, ich sollte Nonne werden, und da meine Eltern ihm vertrauten und sehr gläubige Menschen in derselben Glaubensgemeinschaft waren, fiel es ihm nicht schwer, sie zu überzeugen, die eigene Tochter wegzuschicken in ein Leben, das sie selbst nicht gewählt hatte. Meine Eltern wussten nicht, dass ich schwanger war. Es ist alles vertuscht worden, um den Namen und die Ehre des Herrn Pastors zu schützen. Und so wurde ich ganz weit weggeschickt, ich alleine mit meinem Sohn in meinem Leibe, mit Gott und sonst niemandem. Und eines Tages, nach einer sehr langen Reise mit dem Bus, eines Tages, kam ich in eine kleine Provinz Nordbrasiliens, wo ein paar komische Leute mich schon erwartet hatten. Dort, bei dieser Familie, sollte ich mein Kind bekommen, ich war damals 16 Jahre alt, ich hatte keine Ahnung, was aus mir und meinem Kind werden würde. Aber eines wusste ich, ich wollte mein Kind behalten, auch wenn ich erst 16 Jahre alt war, und heute bin ich auch sehr glücklich darüber, dass ich es geschafft habe. Ja, die ganzen Vereinbarungen zwischen dem Pastor und meinen Eltern habe ich erst wesentlich später mitbekommen und musste deswegen vieles durchmachen und erdulden. Meine Eltern waren sehr naiv und haben natürlich alles geglaubt, was dieser Mann erzählt hatte. Ja, mein Bauch wuchs jeden Tag mehr und mehr und ich war ganz alleine in einer Familie mit vielen Menschen, die nicht unbedingt viel Verständnis gehabt hatten für ein Mädchen, das erst 16 Jahre alt war und ein Kind von einem Pastor, wenn auch von einer Freigemeinde, erwartete. Aber wer der Vater war, wurde niemandem erzählt. Es wurde alles vertuscht. Meine Eltern wussten nicht ganz genau, wo ich war, der Pastor hatte meinen Eltern niemals die Wahrheit erzählt. Er versuchte sie zu überzeugen, dass es für mich das Beste wäre, in eine fremde Familie zu gehen, ganz weit weg von hier ohne Kontakt mit dem Elternhaus. Ich könnte, wer weiß, später dann zu einem Kloster gehen, ich wäre dafür geschaffen, ich wäre wie die Heilige Maria in Person auf der Erde, und meine Eltern hatten alles geglaubt und sollten unheimlich stolz auf mich sein. So war es, mein Kind sollte irgendwo abgelegen von jeder Zivilisation zur Welt kommen. Am liebsten hätten die Leute das Kind gleich in den Mülleimer getan oder ohne mein Einverständnis zur Adoption freigegeben. Als mein Sohn auf die Welt gekommen war, wollte dieser Mensch mir auch noch mein Kind wegnehmen. Ich wusste es nicht, aber hätten glückliche Umstände dies nicht verhindert, wären die sogar bereit gewesen, mir das Kind mit

Gewalt wegzunehmen, kurz nachdem mein Sohn in einem Hospital geboren war. Ich hatte mein Kind Tag und Nacht bei mir, ich konnte fast nie schlafen, habe es aus Angst keine Minute aus den Augen verloren. Eines Tages, als ich dann doch vor Erschöpfung einschlief, weil ich schon viel zu müde war, lag mein Sohn, als ich aufwachte, plötzlich nicht mehr bei mir. Ich schrie aus Leibeskräften, da eilten sogleich Schwestern herbei, mit einer Spritze in der Hand und haben versucht, mich mit Medikamenten zu beruhigen, aber Gott sei Dank war ich sehr stark und schnell, die Schwestern waren schon alt und kamen nicht mit. Schnurstracks bin ich wie ein verrücktes Huhn weggerannt. Ich sprang trotz starker Schmerzen aus dem Wochenbett hoch und lief weg, lief, nur im Nachthemd bekleidet, so schnell ich konnte, auf die Straße, alle haben mich sehr komisch angeschaut, rannte zu einem Taxi und stieg ein mit den Worten:

'Zur Polizei, bitte'.

Der Fahrer, ein Italiener, blieb stehen und machte keinerlei Anstalten, den Motor zu starten. Stattdessen schaute er mich nur an und sagte überhaupt nichts.

'Bitte fahren Sie los', habe ich den Mann angeschrien, 'die Schwestern sind hinter mir her'.

'Was ist passiert, mein liebes Kind? Was hast du getan oder was haben die Schwestern dir getan, Bella Madonna'?

'Fahren Sie schnell weg, die werden mich wieder erwischen. Fahren Sie bitte weg'!

'Niemand wird Sie erwischen, solange Sie in meinem Taxi sitzen, Antonio beschützt Sie jetzt, die Tür ist geschlossen, keiner kommt rein, keine Schwester und der Teufel auch nicht. Okay! Zur Polizei fahren wir jetzt, und was sollen wir dort machen, mit denen plaudern, die Schwestern beschuldigen wegen irgendwas? Ich kenne Sie nicht, Fräulein, aber ich glaube, Sie haben ein großes Problem. Ich kenne diese Leute, ja, ich kenne die schon seit vielen Jahren, es waren hier schon andere Mädchen als Sie, ich habe davon schon vieles gehört. Es sind lauter Verbrecher, wie die Mafia in Neapel. Wir werden zur Polizei fahren, das verspreche ich Ihnen, aber vorher werden Sie meine Frau kennen lernen. Wir fahren zu mir nach Hause, einverstanden? Sie können nicht einfach so zur Polizei gehen, ich meine, in einem Nachthemd, die werden Sie als verrückt dort einquartieren. Was werden die auch über mich denken? Die werden vielleicht denken, ich hätte sie vergewaltigt oder so was, dann lande ich auch im Knast mit Ihnen zusammen. Nicht wahr? Ich komme in Teufels Küche. Also jetzt ist es 12:00 Uhr und bei uns gibt es Spaghetti. Essen Sie gerne Spaghetti? Maria, meine Frau, macht die besten Spaghetti auf der ganzen Welt. Mamma mia, ich habe solch einen Hunger, ich kann essen, soviel ich will, ich nehme nie zu, das bekommt alles meine Frau zu spüren, ich esse und sie nimmt zu für mich. Mamma mia, sie ist schon wie eine Opernsängerin, sie bringt 130 Kilo auf die Waage und die Tendenz ist steigend, wenn sie zu dick wird, dann tausche ich sie gegen drei andere Frauen mit jeweils 50 Kilogramm. So ist das auch nicht, ich liebe meine Frau und bin glücklich mit ihr und mit meinen 70 Kilos, für einen Italiener aus Cecilia ist das gar nicht schlecht. In meiner Familie wiegen alle über hundert Kilo, mein Vater ist gestorben mit 160 Kilo. So ist das. Wir fahren schnell zu mir nach Hause, meine Tochter ist 14 Jahre alt und kann Ihnen was zum Anziehen geben. Dann fahren wir zur Polizei und erzählen ihr alles, was passiert ist. Einverstanden? Also Mädchen, lachen, die ganze Welt ist eine Italia, wenn wir lachen, kapiert'?

Ich glaube, der liebe Gott hatte mir diesen Herrn über den Weg geschickt, ich war völlig verzweifelt und vollgepumpt mit starken Medikamenten und Spritzen, die Schwestern haben mich mit irgendwelchen Drogen ruhig gestellt, aber die Liebe zu meinem Sohn war größer und keiner konnte mich bremsen und davon abhalten, meinen Sohn wieder zu finden. Ja! Ich wollte meinen Sohn wiederhaben, keiner auf dieser Welt hätte meinen Sohn mir wegnehmen können. Als ich drei Tage bei Signore Antonio war und fast den ganzen Tag und die Nacht geschlafen hatte, da fühlte ich mich wieder besser und ich konnte wieder klare Gedanken fassen. Ich wurde dort mit sehr viel Liebe behandelt, sie haben keine Fragen gestellt – mich nicht mit Fragen bombardiert wie 'Woher kommst du'?, oder so was. Nach drei Tagen saßen wir gemeinsam beim Abendessen und ich habe meine ganze Geschichte erzählt. Alles über den Vater des Kindes und so weiter. Herr Antonio war der Meinung, dass wir gegen die Schwestern und gegen den Pastor nichts ausrichten könnten, die Schwestern in der Stadt wären sehr mächtig und jede Behauptung unsererseits gegen diese Mafia würde kein Mensch in der Stadt glauben und die Polizei sowieso auch nicht.

'Was sollen wir machen, mein Kind'?, fragte Herr Antonio, der nach einer Lösung für mein Schicksal suchte. Zur Polizei gehen hätte nichts gebracht. Nach langer Überlegung sprang Antonio plötzlich auf. 'Ich habe eine Idee, ich kenne einen Politiker, nämlich meinen Cousin, der hat sehr viel Einfluss in der Hauptstadt. Er könnte schon was bewegen, er ist dort Minister und hat sogar direkten Kontakt zum Präsidenten. Wir werden ihn sofort anrufen und er sollte uns helfen und auch mit den Schwestern sprechen. Alles sollte in Ruhe geschehen, damit wir nichts gefährden. Ich rufe meinen Cousin jetzt an, dann fahren wir zu den Schwestern ins Krankenhaus, wo dein Kind ist, und wir bringen gleich einen Anwalt mit. Ich kenne da einen, der trinkt zwar den ganzen Tag, aber wenn er einen schönen Anzug anzieht, dann kann er den Schwestern dort schon imponieren'. Und so haben wir es dann gemacht." So berichtete die Frau, die mit ihrem Sohn auf der Bühne stand und alle mit ihren Erzählungen in ihren Bann zog. Alle hörten fasziniert zu. Die Geschichte war neu in der Stadt und keiner hatte jemals etwas darüber erfahren, es war eine wahre Geschichte und deswegen umso interessanter. Nach einer kurzen Pause erzählte die junge Frau weiter:

„Herr Antonio sprach dann mit seinem Cousin in der Hauptstadt, und er versprach sofort, etwas zu unternehmen.

Ich wollte nur meinen Sohn wiederhaben. Die Gefahr, dass mein Sohn bereits zur Adoption freigegeben worden war, die war schon sehr groß, es hätte passieren können, dass ich meinen Sohn niemals wiedergesehen hätte und das machte mich fast verrückt. Herr Antonio sagte immer zu mir:

'Piano, piano, mein Kind, no pensare... non pensare troppo'.

Ich befürchtete, dass mein Sohn möglicherweise schon unterwegs nach Europa war oder irgendwohin zu anderen Eltern unterwegs, die ihnen schon im Voraus versprochen waren. Solche Fälle gab's früher sehr häufig in Südamerika.

Wir sind dann zu den Schwestern gefahren, Herr Antonio fuhr uns mit seinem Taxi zum Krankenhaus. Als die Schwestern mich gesehen hatten, gab's ein Chaos. Der Anwalt war auch dabei. Die Schwestern waren sehr höflich und baten uns, einzutreten, die Oberschwester empfing uns sogleich mit den Worten:

'Mein Kind, warum bist du einfach weggegangen, warst du denn so im Geburtsschock'?

'Wo ist mein Sohn? Ich möchte sofort meinen Sohn wiederhaben'! Dabei stampfte ich mit beiden Beinen auf den Boden, dass fast die Wände wackelten. Ich war damals zwar erst 16 Jahre alt gewesen, konnte aber trotzdem äußerst resolut sein, wenn es darauf ankam. Die Schwestern rangen nach Worten und suchten nach allerlei Ausreden. Mein Sohn wäre nicht da, mein Sohn sei beim Arzt, plötzlich war er bei der Familie, da man ihn nicht mehr alleine habe hierbehalten können usw., Lügen, die ich bereits kannte, da ich etwa sechs Monate bis zur Geburt meines Kindes bei der Familie lebte. Herr Antonio sagte keinen Ton und der Anwalt auch nicht, die wollten sich erst alles anhören, um dann richtig loslegen zu können. Ganz ruhig und ganz leise sprach Herr Antonio: 'Liebe Frau Oberschwester, mein Cousin wird in wenigen Minuten bei Ihnen anrufen, er ist Politiker in der Hauptstadt, er hat zu jeder

Zeit Zugang nicht nur zu den bedeutendsten Politikern, sondern auch zur Staatsanwaltschaft und wenn es sein muss, auch zum Papst. Wir sitzen hier und warten, bis Sie uns verkünden, wo das Kind geblieben ist. Bald wird mein Cousin bei Ihnen anrufen und sollte Ihnen bis dahin noch nicht eingefallen sein, wo sich das Kind befindet, dann wird mein Cousin zwangsläufig etwas unternehmen müssen, das Ihnen sicherlich nicht gefallen wird. Ich werde Ihnen nicht verraten, wer mein Cousin ist, ich verspreche Ihnen aber, dass Sie ihn kennen werden, und wenn es dann sein muss, werden Sie schneller, als Ihnen lieb ist, mitbekommen, mit wem Sie es hier zu tun haben. Von hier aus werden wir zur Polizei gehen. Sie haben die Wahl. Hier bei uns ist auch unser Anwalt. Zur Presse pflege ich allerbeste Kontakte, die fahren alle mit meinen Taxen in der Stadt herum; ich muss nur eine Kleinigkeit andeuten und am nächsten Tag werden Sie alle in der Zeitung stehen – das wäre übrigens eine äußerst reizende Geschichte, nicht wahr – und Sie werden bedauern, uns jemals getroffen zu haben. Ha, am besten Fräulein, werden wir von hier aus zur Redaktion und dann direkt zum Fernsehen gehen. Und dann sind Sie mehr als ruiniert. Sie haben nicht mehr zuviel Zeit, liebe Frau Oberschwester. Sagen wir – in einer Stunde sollte alles geklärt sein. Sie geben uns bis dahin das Kind und noch genügend Geld dazu, damit dieses arme Mädchen nach Hause fliegen kann und eine von euch wird noch mitfliegen müssen, sie ist noch minderjährig und darf nicht alleine fliegen. Also Schwester, ich gebe Ihnen noch genau eine Stunde Zeit'.
'Entschuldigen Sie bitte, ich muss kurz mit meiner Mitarbeiterin sprechen, das Kind dürfte bereits hierher unterwegs sein'.
Die Oberschwester, mit kaltem Schweiß im Gesicht und zitternder Stimme, verließ polternd das Zimmer und fing an, die anderen Schwestern zu beschuldigen und auch anzuschreien. In dem Moment klingelte das Telefon. In der Leitung war die Stimme des Cousins, dem Minister, zu hören, der bestätigte, dass Herr Antonio ihn angerufen und um Hilfe gebeten hatte. Der Cousin musste

nicht viel reden, wenige Worte genügten, dass die Schwestern um die guten Kontakte wussten. In Kürze war alles erledigt – die haben ihn sogleich erkannt – und in weniger als 15 Minuten kam die Oberschwester herbei und erzählte die ganze Geschichte:

'Das Kind sollte auf Wunsch des Pastors aus Plata do Norte sofort nach der Geburt zur Adoption freigegeben werden. Die Mutter sollte damit einverstanden sein und notfalls zur Unterschrift gezwungen werden, um später ihr Leben in irgendeinem Kloster freiwillig oder unfreiwillig zu verbringen. Die Schwestern haben keine andere Wahl gehabt, als mitzumachen, damit weiterhin vertuscht werden konnte, dass es bereits in der Vergangenheit schon ähnliche Fälle gegeben hatte, bei denen die Mütter das Kind nicht einmal zu Gesicht bekamen. Insofern mussten die Schwestern auch in diesem Fall rasch passende Adoptiveltern aussuchen'.

Hatte jemand dabei großes Geld verdient? Die Schwestern, die dort gearbeitet hatten, konnten sich wohl nicht vorstellen, was es bedeutet, eine Mutter zu sein, sein Kind neun Monate lang im Bauch zu tragen und es danach nie mehr sehen zu dürfen. Die Schwester wollte nach kurzem Luftholen weitersprechen, doch wurde dann jäh unterbrochen:

'Frau Oberschwester, all das interessiert mich überhaupt nicht mehr, geben sie mir sofort mein Kind zurück und genügend Geld, damit ich zurück nach Hause fliegen kann, wir brauchen zwei Tickets nach Sao Paulo, Herr Antonio wird mich begleiten und Sie unterschreiben eine Erklärung, dass alles seine Ordnung hat. Ich möchte keine von euch mehr sehen. Sie haben mich gedopt und wollten mir meinen Sohn wegnehmen. Alles im Namen Gottes, nicht wahr? Ich weiß nicht, wo ich hier gelandet bin. Pastor von Plata do Norte, eines Tages werde ich meine Rechnung mit ihm begleichen, der ist der Vater meines Sohnes und schickt mich hierher, damit ich mein Kind loswerden sollte. Der wird eines Tages seine Rechnung bekommen! Das werden Sie noch erleben, Oberschwester, Sie müssen nur warten'."

In Plata do Norte war schon was los, das Publikum – die ganze Sache fing eigentlich wegen Maria de Lurdes an – war wie gelähmt und hatte der Erzählung gespannt gelauscht. Die junge Mutter fuhr fort:

„Also meine Freunde, viele von euch kennen mich, alle haben immer gefragt, wer sollte der Vater von diesem Kind sein, Sie haben meine Geschichte gehört und ich sage euch, wer der Vater ist. Da ist er, da ist unser Herr Pastor, der für die Sünden und Vergebung in unserer Stadt verantwortlich ist. Das ist der Vater von meinem Sohn, und ich kann nicht mehr länger mit dieser Lüge leben. Nun, ich wusste auch nicht, dass er noch zwei andere Kinder haben soll. Er ist auf jeden Fall eine Schande für unsere Stadt, so jemand darf keine Minute mehr hier sein! Ich habe alles toleriert, weil ich auf seine finanzielle Unterstützung angewiesen war, jetzt übe ich selbst einen Beruf aus und kann meinen Sohn auch alleine großziehen, ich brauche diesen Mistkerl nicht mehr. Schaffen Sie ihn noch heute aus unserer Stadt weg. Das ist der Vater meines Sohnes, das ist der Mann, der sich über mich ergangen hat, als ich 16 Jahre alt war. Das ist der Mann, der mein Kind zur Adoption freigeben wollte. Das ist der Mann, der ein unschuldiges Mädchen mit 16 Jahren weit weggeschickt hat, um alles zu vertuschen. Seine Anordnung war damals, mein Kind wegzuschaffen, egal wie. Da sind richtig Kriminelle am Werk gewesen. Ja, meine lieben Freunde, soweit wäre der Fall von meinem Sohn geklärt. Ich danke euch für die Geduld."

Kein Mensch sagte irgendwas, der Pastor hatte plötzlich Angst um seine Haut, ging langsam weg und war von diesem Tag an nirgends mehr im Ort zu sehen.

Maria de Lurdes kam plötzlich ans Mikrophon und warnte alle Menschen, die noch da waren:

„Wir müssen uns sofort in Sicherheit begeben, gleich wird der große Sturm auf uns zukommen, wir können nicht mehr länger warten!"

In diesem Moment wurde der Himmel plötzlich rabenschwarz und verdunkelte sich, die Menschen rannten, so schnell sie nur konnten, alle weg und versuchten, in Sicherheit zu gelangen. Bald darauf fing es dann an, zu regnen, zu donnern und zu blitzen. Ein nie dagewesener Sturm kam auf.

Drei Tage und drei Nächte lang dauerte der Tornado. Der Deich war gebrochen und viele Menschen verloren Häuser und Leben. Die Prophezeiungen von Maria de Lurdes bewahrheiteten sich.

Maria de Lurdes wurde berühmt. Es folgten viele Wunder. Als sie 14 Jahre alt war, kamen viele Menschen aus der ganzen Welt angereist, um sie zu sehen und kennen zu lernen. In ihrem Heimatort wird sie gefeiert ebenso wie beispielsweise Hildegard von Bingen oder Bernadette von Lourdes.

Im Alter von 18 Jahren ist sie plötzlich eines Morgens gestorben. Sie war weder krank noch fühlte sie sich unwohl. Nach dem Frühstück, als sie meditiert und gebetet hatte, ist sie eingeschlafen und kein Mensch hat was davon bemerkt, sie ist in Frieden gestorben. Lediglich einen Tag zuvor sagte sie zu ihrer Mutter:

„Mama, morgen geht meine Zeit auf dieser Erde zu Ende. Weint nicht beim Abschied, seid doch einfach froh, dass ich hier bei euch sein durfte."

Seitdem pilgern regelmäßig Millionen von Menschen nach Plata do Norte, um Maria de Lurdes´ Grab zu besuchen und um ein gesundes Leben zu erbitten oder eine Lösung für ein bestimmtes Problem zu finden.

Maria de Lurdes aus Brasilien ist schon im Leben als Heilerin erkannt worden. Sie hat vielen Menschen helfen können, Menschen, die oft nicht mehr wussten, wie es im Leben weitergehen sollte.

In der kleinen Stadt von Plata do Norte ist eine Statue von ihr zu sehen und jeder, der dort hinpilgert, bringt Zufriedenheit und Hoffnung nach Hause mit.

Maria de Lurdes hat ein Leben voller Hingabe gelebt. Als Botschafterin der Vergebung und des Friedens war sie ein Beispiel für die Nächstenliebe. Vergebung und Frieden ist das Tor zum Paradies. Der „Engel der Vergebung und des Friedens" sei bei dir.

Die Autoren

Dirceu Braz kam in seinem Heimatland Brasilien schon sehr früh in Berührung mit der unsichtbaren Welt. Auf der Suche nach dem wirklichen Selbst entdeckte er die zunehmende Verantwortung nicht nur sich selbst, sondern auch anderen Menschen und dem gesamten Universum gegenüber. Als Künstler, Vater von zwei Kindern, Träumer und kreativer Mensch weiß er die Grenzen der Kreativität zu überschreiten – in der Literatur, Malerei, Musik sowie in seinen Kompositionen. Bei seiner unendlichen Inspiration verweist der Künstler auf seine Geistführer. Sein Dasein bezeichnet Braz nur als Vehikel, als Instrument, um die Kunst und Kreativität von seiner Schöpfung wie ein Dokument für die nächste Generation hinterlassen zu können. Als Trompetensolist hat er sich weltweit einen Namen gemacht und setzt sich seit langer Zeit für die Not leidenden Kinder seines Heimatlandes ein. Nach der Veröffentlichung eines seiner zahlreichen Werke „Im Ozean des Lebens" freut sich der Schriftsteller auf die gemeinsame Neuerscheinung mit Conny Zahor „Engel der Vergebung und des Friedens."

Conny Zahor, glücklich verheiratet und Mutter von 3 Kindern, wurde schon in frühen Jahren bewusst, dass die für uns sichtbare Welt nicht der tatsächlichen Realität entsprechen kann. Wie sehr wir uns nach Gedanken, Urteilen und Werten auch richten – sie stehen auf instabilem Fundament und sind ständigen Veränderungen unterworfen. Auf der Suche nach innerem Frieden, unabhängig von äußeren Umständen, vertiefte sich zunehmend der Wunsch, den eigenen Frieden, der immer mehr in ihr entstand, diesen Frieden weiterzugeben.

Als Coach in der Tipping Methode ist es ihr ein Anliegen, Menschen zu begleiten, die bereit sind, ihre Lebensthemen in einem anderen Licht zu betrachten, als Chance zu innerem Wachstum. Mit Freude gibt Conny Zahor Elternkurse nach Thomas Gordon - Familienkonferenz, um Eltern für den herausfordernden Alltag mit Kindern mehr Halt und Klarheit zu vermitteln.

Dirceu Braz
Im Ozean des Lebens
Philosophische Gedanken
und Bilder zum inneren
Frieden und Wohlfühlen

Gebundener Umschlag
208 Seiten,
mit 100 farbigen
Abbildungen
ISBN 978-3-89960-334-7
Laumann Verlag

Im Ozean des Lebens
Entdecken wir soviel Reichtum
Oft ist das Wasser trüb und dunkel
Dann brauchen wir das Licht
Von unserem Gott
Und von unserem Geistführer
Ebenso auch die Führung unserer Seele
Lieber Gott hilf uns dabei!
Je dunkler und tiefer das Meer ist
Desto mehr Hilfe werden wir brauchen
Um uns wieder finden zu können.

THE KING OF BACHTROMPETE

Dirceu Braz, gepriesen als „König der Bachtrompete", absolvierte sein Musikstudium in Sao Paulo bei Dino Pedini, an der Musikhochschule in Stuttgart und anschließend in der Schweiz am Züricher Konservatorium in der Meisterklasse von Prof. Henry Adelbrecht. Der Brasilianer wird von der Presse als einer der renommiertesten Bachtrompetensolisten der Gegenwart bezeichnet. Mehrere Tonträger, die weltweit eine positive Resonanz erreicht haben, stehen für seine Virtuosität und erfolgreiche Karriere als Solist.
E-Mail: braz-trompete@hotmail.de

Meditation (NGE 502 C)
Johann Sebastian Bach, Georg Friedrich Händel, Dirceu Braz
Dirceu Braz: Bachtrompete
Stefan Glaser: Orgel

The Voice of Trumpet (NGE 505 C)
Ralf Gabe, Johann Sebastian Bach, Michael Delalande, G. B. Samartini, G. F. Kaufmann, J. B. Loeillet de Gante, Dirceu Braz
Dirceu Braz: Bachtrompete, Flügelhorn,
Trompete, Percussion
Clemer Andreotti: Gitarre
Johannes Vogt: Gitarre
Ralf Gabe: E-Piano
Ludwig Kümmerlin: Piano

Johann Sebastian Bach
und andere Werke aus der Barockzeit
(NGE 503 C)
Johann Sebastian Bach, Georg Friedrich Händel, Jeremiah Clarke, Henry Purcell, Francesco Manfredini
Dirceu Braz: Bachtrompete
Stefan Glaser: Orgel

Gerne begleite ich Sie ein Stück Ihres Weges

- Vergebungszeremonien
- Erlebnisabende
- Buchkreise
- Einzelberatung
- Energiearbeiten
- intensive Elternkurse

Conny Elohin Zahor

Psychologische Beraterin
Coach in der Tipping-Methode
Kursleiterin für Elternkurse
nach Gordon-Familienkonferenz

Am Löwenzahnfeld 1
87471 Durach
Tel. 0831-960 20 36
E-mail: conny@zahor.de
www.zahor.de